ÊTRE LA FILLE D'ÉMILE LOUIS

Maryline VINET

ÊTRE LA FILLE D'ÉMILE LOUIS

Michel LAFON

7-13, boulevard Paul-Émile Victor - Île de la Jatte
92521 Neuilly-sur-Seine Cedex

Je dédie cet ouvrage à Bernard, mon mari, à mes trois enfants, et à tous ceux qui, prisonniers du silence, n'osent pas s'exprimer.

PRÉFACE

Sur mon cœur pèsent des décennies de silence, de secret, de douleur et de honte. Je suis née dans une région de brume et de silence, parmi des hommes et des femmes de secret. Avec les enfants de la douleur et de la honte. Je suis celle que personne ne voudrait être, pour rien au monde. Je suis la fille d'Émile Louis, le tueur présumé des disparues de l'Yonne. Je suis de la chair de la « bête », du « pervers » qu'on accuse d'enlèvements, de séquestrations, de viols, de meurtres et d'actes de barbarie.

Je sais, moi, que toute cette violence a existé. Je sais ce dont mon père est capable depuis toujours. Il m'a battue, il m'a violée, à différentes périodes de ma vie. La première fois, j'avais cinq ans. J'en ai aujourd'hui quarante-six. Il m'a humiliée, droguée, séquestrée, vendue comme un animal. Je n'ai pas été la seule à subir ces abus. Il a torturé ma mère, il l'a détruite. Il a commis sous mes yeux des choses si monstrueuses que l'idée même de les rappeler à ma mémoire pour les dévoiler dans ces pages est effroyable. Je ne savais pas tout, mais j'en savais beaucoup. Et je me suis tue pendant plus de quarante ans.

J'ignore ce qui se serait passé si j'avais parlé plus tôt, si quelqu'un avait écouté l'enfant puis l'adolescente, la femme, la jeune mère que j'ai été. Je ne suis pas persuadée qu'on m'aurait crue, mais je ne peux m'empêcher de penser que les sept jeunes filles déficientes mentales légères et pupilles ou anciennes pupilles de l'État disparues à Auxerre entre 1977 et 1979 seraient peut-être encore vivantes, si nous tous et nous toutes, qui subissions, avions parlé et si on nous avait entendus. Ces malheureuses s'appelaient Jacqueline Weiss, Chantal Gras, Martine Renault, Bernadette et Françoise Lemoine, Madeleine Dejust, Christine Marlot... On ne retrouvera peut-être jamais le corps de certaines d'entre elles. Il ne faut pas qu'on oublie leurs noms.

J'avais fait à ma mère le serment de me taire. Il ne fallait pas que ça « sorte de la famille ». Combien de fois ai-je entendu ces mots, ce venin ? Ce n'était pas une vraie promesse, elle n'aurait pas dû être tenue. Il n'y a ni honneur ni respect qui tiennent dans cette abominable histoire. Ce serment était un piège, un nœud coulant autour de mon cou. La corde était tressée avec la peur. Ce n'était que soumission, encore. De la manipulation, l'exercice d'un pouvoir pervers sur mon esprit. Tant que ma mère était vivante, je n'ai pas réussi à soulever la dalle de silence posée sur moi, comme une tombe. J'étais une enterrée vive.

Et puis maman a quitté ce monde et j'ai enfin révélé ce que je savais à la justice. J'ai accusé mon père. J'ai osé, moi seule. Personne d'autre dans ma famille ne l'a fait. J'ai cru que ça suffirait à me libérer... Mais non, décidément.

Dans un dossier d'instruction, l'essentiel des événements qui ont fracassé ma vie remplit un simple procès-verbal de gendarmerie. J'y raconte les coups, les insultes, les viols, un meurtre... Mais rien n'est dit de la mécanique abjecte de la domination. Rien sur le silence et comment on l'impose à une enfant. Rien sur la culpabilité et le mutisme de la victime.

J'écris ce livre pour expliquer comment un être humain – parce que Émile Louis, mon père, en est un, qu'on le veuille ou non – brise d'autres êtres humains et les réduit en esclavage mental et moral. Il n'y a pas de prédestination au malheur. Il y a seulement des prédateurs et des proies.

Il m'a fallu du temps, beaucoup de temps pour comprendre que le silence est assassin. Plus les années passent, plus il est difficile de parler. Après l'affront, quand on s'est tu, chaque jour la culpabilité grandit, se renforce. Elle rend difficile l'expression de la vérité. On se dit bientôt qu'il est trop tard. Mais il n'est jamais trop tard. Jamais ! Parler n'efface ni ma douleur ni même ma honte. Au contraire, remuer des souvenirs qui sont autant d'images d'horreur me bouleverse et me déchire. Mais ma dignité de femme et de mère est à ce prix.

Puisque je trouve la force de parler, d'autres peut-être la trouveront à leur tour. L'affaire des disparues de l'Yonne est loin d'être finie, elle est encore couverte par trop de secrets et de mystères. J'aimerais que ce livre devienne ne serait-ce qu'une ligne de la déclaration de guerre que les gens honnêtes doivent adresser à la complicité silencieuse.

– 1 –

« TANT QUE JE VIVRAI, TU TE TAIRAS ! »

Dans l'église glaciale de Villefargeau, petit village de l'Yonne situé à quelques kilomètres d'Auxerre, près de ce modeste cercueil, un pan de ma vie s'écroule... Ma mère est morte. C'est elle qu'on enterre aujourd'hui, le 15 mars 2000. Elle, que j'appelais « Mamouna », qui fut longtemps ma seule planche de salut, dans les ténèbres. La seule qui m'ait donné de l'amour dans ma jeunesse. Le peu d'amour qui lui restait. J'aurais aimé être tranquille, ici, pour surmonter ce moment lourd : accompagner Mamouna à sa dernière demeure et lui dire que je suis décidée à affronter, après ses obsèques, une deuxième épreuve. Celle qui, je l'espère, me libérera de mon fardeau...

Mais il y a beaucoup de monde dans cette église, trop de monde pour que j'ouvre paisiblement mon cœur à celle qui vient de nous quitter...

Mes deux frères et ma sœur sont là, bien sûr. C'est normal. Je reconnais des gens de la région qui ont autrefois confié leurs enfants à maman. J'ai aperçu des amies, des proches, des voisins, une jeune fille de la DASS [1] avec

1. Direction de l'action sanitaire et sociale. Cette direction de la Santé,

son fiancé, et puis des représentants de la Direction départementale de l'action sanitaire et sociale qui rendent hommage à celle qui s'est tant consacrée aux déshérités. Je comprends qu'ils soient là, eux aussi.

Mais les autres ? La... « famille » !

Des « pièces rapportées » venues de toute la France, surtout de la Marne et du Sud. Que fait-elle là, cette « tante » que je ne connais même pas, veuve d'un des frères de maman ? Il paraît qu'elle est venue de Haute-Savoie, avec sa fille. Et cette autre femme de la famille, si vieille qu'elle ne peut se déplacer seule ? Ses enfants la soutiennent. Ceux-là, je les connais... Sans états d'âme, ils soutirent à leur mère tout ce qu'ils peuvent. Et ma propre tante, qui vit dans le Midi ? Elle possède un peu plus de biens que les autres – la pension de guerre de son mari – et affiche un air supérieur. Dans des circonstances moins dramatiques, ça m'amuserait. Et l'oncle de Courtenay ? Et cet autre oncle du Sud ? Pensionné, parce que prétendument aveugle. Sa cécité ne l'a pas empêché d'accomplir d'une traite et de nuit, il y a quelques années, le trajet de la Côte d'Azur à Auxerre, au volant de sa voiture ! Et celle-là, qui a osé me demander un certificat de décès pour excuser l'absence de son fils au travail – un emploi jeune dans un commissariat de police de l'Aube ? Mais ce bon neveu n'est pas là, il est en escapade avec sa petite amie. J'ai envoyé balader sa mère, mais mon frère Philippe a insisté pour que je lui remette ce certificat. Décidément,

---

avec ses branches départementales (DDASS) prend en charge ceux que l'on appelait autrefois les enfants de l'Assistance publique.

ils auront jusqu'au bout usé du pire. Un jour de congé aux frais du contribuable et de la défunte...

Aucun d'entre eux n'a sincèrement aimé ma mère, aucun ne l'a choyée, aucun n'a de chagrin. Peut-être la vieille tatie de la Marne et l'oncle de Courtenay ? Les autres, maman ne les appréciait pas ; elle les appelait « les Thénardier ». Moi non plus je ne l'aime pas, cette famille tentaculaire de parasites malfaisants et jaloux. Eux, s'ils l'avaient voulu, auraient pu nous aider, nous secourir, mais ils sont sans pitié, sans générosité... Je me demande comment ma mère a pu les supporter, alors qu'ils ne se sont jamais occupés d'elle et qu'ils l'ont utilisée autant qu'ils ont pu. Comme elle n'aimait pas les histoires, elle cédait. Pourtant, ce que nous avons pu rire sur les secrets d'alcôve de ces bien-pensants ! Si des tests ADN étaient effectués sur la smala, certains pourraient être surpris.

Heureusement, Émile Louis n'est pas là ! Il a pourtant fallu le prévenir. Il a quand même vécu vingt-cinq ans avec Mamouna et, qu'on le veuille ou non, il est notre père à tous les quatre. Ma sœur s'est chargée de l'informer, par téléphone. Elle l'a appelé à Draguignan, où il vit. Quand il a appris la nouvelle de la mort de maman, il a simplement lâché un « bon, bon... », avant de raccrocher. Preuve qu'il a été touché. Si cela lui avait été indifférent, on aurait eu droit à quelque chose du genre « Tant mieux ! » ou « Qu'est-ce que tu veux que ça me foute ? », ou n'importe quelle autre de ces grossièretés provocatrices auxquelles il nous a habitués.

Au moment de la bénédiction du cercueil, une femme s'avance en s'appuyant sur ses béquilles. Et s'évanouit. Des gens se précipitent... Pas moi. J'ai déjà assisté à son cinéma lors de l'enterrement de ma grand-mère, il y a quelques années. Un de mes anciens flirts de lycée, médecin, dont les parents ont résidé aux alentours de Villefargeau, m'a dit plus tard : « Tu as vu ses joues bien colorées ? Ce n'est pas moi qui serais allé la ramasser. Je sais encore distinguer une malade d'une simulatrice. » Une scène odieuse, mais ils sont tous odieux... Et ça ne fait que commencer. Après l'église et le cimetière, un dîner aura lieu. Là, je le sais, ils vont se « lâcher », rire, balancer des plaisanteries grasses, boire beaucoup et se bâfrer. Il faudra les mettre à la porte pour qu'ils décampent et certains chiperont de la nourriture au passage, pour la route. Je les connais, ça se passe toujours comme ça. Mon frère, mon cadet d'un an, investi « chef de famille », estime qu'il ne serait pas convenable de laisser « ces pauvres gens repartir l'estomac vide ». Moi j'en tremble à l'avance, j'ai la nausée... J'ai du mal à imaginer ma mère issue d'une telle tribu.

Ma sœur a tout organisé. Elle a loué la salle des fêtes du village – rien de moins ! – et investi dans l'achat d'un monceau de charcuteries, comme s'il s'agissait d'une noce. Heureusement ma fille aînée, Eugénie, et son mari vont pouvoir échapper aux sinistres agapes. Tant mieux pour eux. Moi, je vais être obligée d'y participer. Je tenterai de faire bonne figure, une fois encore, pour maman. Pour la mémoire de Mamouna. Elle avait pourtant demandé de son vivant que, le moment venu, ses obsèques se fassent dans la plus grande discrétion. Mais qu'auraient pensé les gens ? Qu'il reste au moins une part de respect et de dignité à ses obsèques, c'est ce que j'essaierai d'obtenir par ma présence. Ça sera dur, pénible... Mieux vaut que j'essaie de faire le vide dans ma tête maintenant, près du cercueil. J'ai tant de choses à dire à ma mère et je n'ai pas beaucoup de temps... Mais j'éprouve le sentiment très fort qu'elle ne reposera en paix qu'après m'avoir entendue. Nous partageons un trop lourd secret pour que l'une de nous deux s'en aille sans que l'autre brise le serment qui nous lie.

Il aurait fallu que nous décidions ensemble de nous libérer de ce secret pendant que maman était encore vivante, mais quand je me suis sentie assez forte pour évoquer la question, elle était déjà trop malade.

Elle se savait condamnée depuis deux ans. Elle souffrait depuis des années, mais elle s'était refusée à voir un gynécologue en raison des violences sexuelles qu'Émile Louis lui avait infligées quand ils étaient mari et femme. Elle avait néanmoins dû se résoudre à consulter en mai 1998. Hospitalisée en urgence à Dijon, elle avait subi une intervention chirurgicale, avec ablation de l'utérus et des ovaires, afin de tenter d'enrayer le cancer qui la rongeait. Elle avait ensuite dû se soumettre à une radiothérapie, suivie d'une curiethérapie. Je lui avais demandé si elle trouvait ces soins utiles. Elle m'avait répondu :

– Non, mais ça rassure tes frères, surtout Philippe, il est si fragile.

Et les autres ?

En vérité, il n'y avait plus d'espoir. Le traitement la fatiguait énormément. Elle ne se remettait pas, mais se raccrochait à des événements heureux, comme le mariage de ma fille Eugénie, en août 1999. Elle l'avait attendu, et elle avait tout de même pu y assister. Cinq mois plus tard, elle était de nouveau hospitalisée, à Auxerre cette fois.

Philippe, l'aîné de mes frères, mon cadet de treize mois, célibataire, estimait qu'en tant que femme au foyer j'étais une bonne à rien qui se tournait les pouces toute la journée. Il m'avait donc demandé de quitter la Guyane où je réside pour venir m'occuper de notre mère. Il prétendait que c'était « mon devoir ». Il ne voulait pas entendre parler de mes deux plus jeunes enfants, Arnaud et Joséphine. Selon lui, je n'avais « qu'à pas en avoir » ! De toute façon, je n'aurais pas pu supporter l'idée d'être loin de maman dans ces circonstances. J'avais donc sauté dans le premier avion. Quand j'étais arrivée, les médecins avaient déjà pris la décision de mettre maman sous chimio, ce qui ne pouvait être fait qu'en milieu médicalisé. Elle n'était pas au mieux de sa forme, mais elle s'exprimait normalement et elle marchait un peu. Courte rémission... À la fin du mois de janvier 2000, son état avait empiré. Un jour, un médecin m'avait expliqué qu'il avait constaté l'état pitoyable des organes de ma mère. Je lui avais alors parlé de son passé de victime. Il était donc normal qu'il y ait « des stigmates d'anciennes blessures très importantes, et notamment des perforations de l'intestin », résultat supposé des sévices abominables infligés par mon père. Maman avait alors été placée en milieu stérile et il avait fallu porter un masque, des bottes, une blouse spéciale pour lui rendre visite. Un soir, elle avait insisté pour que ma fille Joséphine, alors âgée de dix ans, vienne la voir. J'avais évoqué devant mon enfant le souhait de sa grand-mère.

– Je n'ai pas trop envie d'y aller, m'avait répondu Joséphine. Je ne tiens pas à la voir morte... Tu sais, maman, il faut que tu t'y prépares, elle va mourir bientôt, mamie. Tu sais ce qu'est une aplasie médullaire, elle ne s'en remettra pas.

J'avais regardé Joséphine avec stupéfaction. Ça me faisait mal au cœur d'entendre ce petit bout de femme parler comme ça. J'aurais tellement aimé qu'elle soit encore dans l'innocence de son âge. Mais elle avait ajouté, très calme :

– Je sais très bien que cette famille, ce n'est pas une famille normale. Un jour, tu verras, on va en parler partout !

J'ignore encore ce qu'elle avait pu entendre, quelles conversations elle avait pu surprendre pour avoir cette assurance. Peut-être était-ce seulement l'une de ces fulgurantes intuitions enfantines.

Maman allait de plus en plus mal. La morphine l'aidait à peine à supporter la douleur. Au bout du compte, la maladie finit par avoir raison de sa résistance. Elle est morte le 15 mars... sans que j'aie pu lui demander de briser le secret, de me délivrer du serment que je lui avais fait.

Ce secret, ce serment, c'est notre histoire. C'est presque toute ma vie.

*
**

Près de son cercueil, je ferme les yeux, j'oublie ceux qui m'entourent et je murmure : « Maman, tu me laisses seule avec les démons qui me harcèlent depuis tant d'années. J'ai cessé de croire en Dieu à l'âge où l'on fait sa première communion, quand j'ai compris de quoi un être humain était capable ; je ne peux pas t'imaginer dans un monde meilleur... Je t'aime, Mamouna, malgré toutes les questions que je me pose à ton sujet, malgré le mal que tu m'as fait, toi aussi, à certains moments de ma vie, mais tu as mis sur mes épaules un poids trop lourd en faisant de moi ta confidente. Je n'avais même pas l'âge de raison. Tu m'as dit ce que tu avais subi, l'horreur ! Une horreur que j'avais déjà devinée, toute petite. Il y avait eu ces matins où je te trouvais baignant dans ton sang et dans tes excréments... Je t'ai raconté de mon côté ce que j'avais entendu et vu, ce que j'avais enduré, l'enfer ! Et tu m'as imposé le silence. Tu m'as dit : "Tant que je serai vivante, tu te tairas." Tu as exigé que je promette. Alors, je me suis tue. J'ai tenu parole, pour toi. Je t'ai obéi, Mamouna, parce que dans cet univers sans humanité j'avais besoin de l'amour de quelqu'un de plus fort que moi. De ton amour, maman. Mais c'est fini. Finis le silence, les secrets, les serments ! Je vais parler. Rien ne m'en empêchera. Il faudrait me tuer pour m'arrêter et cette conviction me rend ma dignité. Voilà, Mamouna, il fallait que tu l'entendes... Et puis, tu dois savoir autre chose : si tu étais encore vivante et si tu me disais encore de me taire, je ne t'écouterais pas. Je parlerais quand même. Adieu, Mamouna... »

*
**

Deux jours plus tard, je suis à Paris, dans le XXe arrondissement, boulevard Davout, où est située la section de recherches de la gendarmerie. J'ai rendez-vous avec l'adjudant-chef Potart et l'adjudant Barou, tous deux en charge de l'enquête sur les disparues de l'Yonne depuis l'ouverture de l'information judiciaire, en 1997. Je tiens à rendre hommage à ces deux hommes empreints de délicatesse et d'humanité qui, à aucun moment, n'ont perdu patience devant la lourde et douloureuse tâche qui nous incombait à tous les trois. Ces enquêteurs savaient depuis longtemps que j'avais des choses importantes à leur révéler, nous nous sommes fait confiance. Voilà bientôt trois ans que, sous l'impulsion de Mme Beaufumé et de Pierre Monnoir, président de l'Association de défense des handicapés de l'Yonne, de son avocat Me Gonzales de Gaspard, à l'origine de la pression médiatique, la chambre d'accusation de Paris a ordonné qu'un juge soit saisi dans cette affaire. Auparavant, le 3 juillet 1996, l'association avait déposé six plaintes avec constitution de partie civile des chefs d'enlèvements et séquestrations concernant Jacqueline Weiss, Chantal Gras, Martine Renault, Bernadette et Françoise Lemoine, Madeleine Dejust et Christine Marlot. Le parquet d'Auxerre avait refusé d'instruire, principalement en raison de la prescription des faits énoncés. Comme l'indiquera plus tard un rapport confié à l'Inspection générale des services judiciaires [1] par lettre de mission du garde des Sceaux, ministre de la Justice, en date du 19 décembre 2000 : « Pour quatre plaintes, les réquisitions étaient fondées par l'absence de consignation dans les délais impartis. Cet obstacle empêchait en effet la mise en mouvement de l'action publique. Pour les deux autres, le parquet s'est appuyé sur le fait que les plaignants ne fournissaient aucun élément laissant présumer l'existence d'une infraction pénale non prescrite. » Et pourtant, des éléments sur lesquels je reviendrai ont été réunis de longue date à l'encontre d'Émile Louis qui n'ont, pour d'obscures raisons, jamais été exploités.

En me présentant devant les gendarmes, je n'ignore rien de tout cela. Je sais aussi ce que nous avons dû subir et endurer pendant des années, ce qu'il nous a fait, à maman surtout... Ma déposition va être longue. J'ai beaucoup à

1. Rapport sur le traitement judiciaire de l'affaire dite des « disparues de l'Yonne », Jean-Louis Nadal, ministère de la Justice, mars 2001.

dire, je me dois de tout livrer en détail. J'entends parler de ce que j'ai subi et je suis déterminée à n'épargner personne. Je vais donner des noms, des faits, des dates. Cela ne plaira pas à tout le monde, surtout pas à la famille Louis, parce que pas mal de personnes dans cette tribu ont été abusées par Émile, notamment des femmes et des filles, mais refusent de le dire. Et j'ai la conviction qu'elles persisteront dans ce refus puisque, comme on me le répète depuis toujours : « Ces choses-là, ça doit rester dans la famille ! » Quant aux gamines qui ont été abusées ou brutalisées, on m'expliquera sans doute que c'est tant pis pour elles. « Elles n'avaient qu'à pas se trouver là ! »

Au moment où je commence à parler aux gendarmes, Émile Louis n'a pas avoué. Il est libre. Il a été mis hors de cause en 1984 pour l'assassinat de Sylviane Durand-Lesage, la pupille de sa concubine, disparue au début de la même année. Son casier judiciaire révèle qu'il a été poursuivi à deux reprises pour des crimes et délits sexuels : incarcéré pour la présomption du meurtre de Sylviane Durand-Lesage en 1981, il a été condamné deux fois pour violences sexuelles, d'abord en 1983 à quatre ans de réclusion qui sont devenues cinq, mon père ayant fait... appel ! Puis en 1989, à une peine de cinq ans. Pour moi, on pourrait penser que c'est du passé, puisque le divorce de mes parents remonte à 1978. Et pourtant...

Tout ce que je vais dire va servir l'enquête et contribuer à éclairer le dossier. Juge et gendarmes, grâce à moi, vont avancer dans la bonne direction, celle de la vérité. Mais pour ça, je vais devoir faire la pire chose qu'une fille puisse imaginer... accuser son propre père de viol, de torture et de meurtre !

Je vais devoir raconter ma vie.

– 2 –

LES OUBLIÉS DE LA TENDRESSE

Je suis retournée en Guyane juste après ma déposition, à bord d'un vol direct Paris-Cayenne, pour éviter les longues étapes en Martinique ou en Guadeloupe, qui allongent le temps du voyage jusqu'à vingt-sept heures. J'avais hâte de rentrer chez moi, à Kourou, de me retrouver en famille, une vraie famille, avec Bernard, mon mari, et nos deux enfants, Arnaud et Joséphine. Eugénie vit à présent en métropole...

La façade atlantique de la côte nord-est du continent sud-américain, entre le nord du Brésil et le Surinam, c'est un peu le bout du monde. Mais ça me convient. J'ai besoin d'un océan entre moi et mon passé.

Il m'a fallu quelques jours pour m'apaiser, après les épreuves que j'avais vécues. Je me suis alors sentie épuisée. Avec la disparition de ma mère, le dernier lien qui me rattachait à la pieuvre familiale avait été tranché. Sauf un... Quoi que je fasse, quoi que je dise, j'étais et je resterais la fille d'Émile Louis.

Déposer contre lui était avant tout un rendez-vous avec moi-même. Un face-à-face avec mon enfance fracassée. Mais la démarche a été encore plus pénible que je ne l'avais imaginé. Une délivrance bien sûr, et cependant un moment très dur à vivre. Quelle que soit la gravité des faits, il est très difficile d'accuser son propre père. De retour en Guyane, j'ai eu l'impression d'entrer en convalescence, avec la conviction de ne jamais pouvoir guérir tout à fait.

Le jour où maman a été entendue, dans le cadre de l'information ouverte sur les disparues de l'Yonne, elle est sortie en larmes et nous a dit : « Je vous demande pardon, mes enfants, de vous avoir faits avec un tel monstre ! » Hélas ! regrets et remords n'y changent rien. Ils ne me laveront ni de la honte, ni du sentiment de culpabilité d'être la fille de cet homme. J'ai si peur que ça transparaisse ! Cette honte m'a poussée à crier haut et fort que cet être est ignoble. Mais cette même honte fait naître le doute en moi : qu'est-ce qui me donne le droit de le juger ? Une part de moi rejette mon père avec violence. Un autre l'aime encore. C'est un douloureux combat intérieur, sans fin, du moins tant qu'Émile Louis vivra. Rien à mes yeux ne peut justifier ses actes. Rien ne peut les excuser. Et je ne parle pas seulement des sept meurtres qu'il a avoués avant de se rétracter ni de ce qu'il m'a fait endurer. Je pense aussi aux tortures qu'il a infligées à ma mère.

Il n'y a pas de mots pour décrire la terreur d'un enfant qui découvre sa mère baignant dans son sang et ses déjections. Jusqu'à l'âge de dix ou douze ans, le soir, avec mon frère Philippe, nous répétions dix fois, vingt fois, devant la porte de sa chambre : « Bonsoir maman, bonsoir maman ! » Jusqu'à ce qu'elle nous réponde. Elle avait le sommeil très léger, nous le savions, et si elle ne se manifestait pas, l'angoisse montait. Nous écoutions, terrifiés, guettant un souffle rassurant. Nous partagions, mon frère et moi – du moins je crois que notre crainte était de même nature –, la peur de la retrouver morte le lendemain matin. Beaucoup plus tard, j'ai compris qu'elle tardait parfois à nous répondre parce que Émile l'avait droguée pour se livrer sur elle à des actes de barbarie. Elle perdait conscience. Et nous entendions alors la voix de notre père grommeler ses injures : « Salope, pouffiasse ! » Épouvantés, nous prenions la fuite. (Philippe dit, lui, qu'il ne se souvient de rien...)

Le lendemain matin, après le départ d'Émile, je me précipitais dans la chambre de ma mère. À sept ou huit reprises, je me suis rendu compte qu'elle avait été torturée. Je ne disais rien, trop heureuse de voir qu'elle respirait encore ! En fait, dans ce climat de violence entretenu par Émile, je considérais ma mère comme une compagne de malheur ou de captivité. Un jour pourtant, j'ai osé l'interroger et elle a admis qu'elle se réveillait parfois avec des douleurs au ventre. Elle a ajouté :

– Et puis il y a tout ça près de moi...

Elle m'a désigné des accessoires que j'avais déjà remarqués près du lit, en particulier une poire à lavement, ainsi qu'un livre sur les maladies féminines.

– C'est à toi, ce livre, maman ? ai-je demandé.

– Non, c'est à papa. Range ça tout de suite !

J'ignore à quoi lui servait cet ouvrage, lui qui considère les femmes comme des esclaves. J'imagine qu'il lui permettait de se documenter. Comme d'autres écrits, parmi lesquels ceux de Christian Bernadac sur les camps de concentration et les expériences faites sur les femmes par les médecins nazis. Bien entendu, je n'avais pas le droit d'y toucher, mais je l'ai fait. Le souvenir que j'en ai est encore effrayant.

Dans la chambre, il y avait aussi une collection du magazine de faits divers *Détective*. Même quand il n'y avait plus d'argent à la maison pour acheter l'essentiel, il fallait racler les fonds de tiroir pour *Détective*. Émile devenait fou furieux et nous frappait quand nous avions oublié de lui apporter sa revue favorite. Cette lecture semblait être aussi nécessaire à sa survie que boire ou manger. Il ne lisait rien d'autre, sinon des romans de « San Antonio ». Il s'identifiait au personnage rabelaisien de Bérurier, l'adjoint de San Antonio, au point de sauter les passages des livres où il n'apparaissait pas. C'était son idole, il l'admirait sans le moindre recul. Il ne percevait pas les sous-entendus de l'auteur, ne comprenait ni l'humour ni la caricature. Émile singeait Bérurier, lui ôtait toute humanité pour ne retenir que la grossièreté qu'il transformait aussitôt en vulgarité.

À cause d'Émile Louis, par nature brutal, ordurier, macho, fasciste et admirateur du nazisme, la famille devenait xénophobe, de la manière la plus primaire qui soit. On vomissait les homosexuels – pardon, les « pédés » ! – qui n'auraient « pas dû exister », et les handicapés qui n'auraient « pas dû naître ». La moindre disgrâce physique faisait de vous une cible. À une époque où j'avais pris, toute jeune, quelques kilos excédentaires, je me suis fait traiter à longueur de temps de « Babar » et de « grosse vache ». À leurs yeux, j'étais « con, moche et bête » ; d'ailleurs il n'y avait « pas plus bête » que moi dans la famille. J'avais certes – et j'ai toujours – un physique ingrat, et je sais que beaucoup d'enfants ont malheureusement entendu des méchancetés de ce genre. Ce n'est pas le meilleur moyen de leur donner confiance en eux. Lorsque j'étais petite, on me reprenait sans cesse. Je disais correctement « une espèce de », comme je l'avais appris à l'école, et l'on m'apostrophait aussitôt : « Non ! On dit "un espèce de". Mais c'est pas vrai, tu sauras jamais parler ! » J'entendais sans arrêt des « qui qu'a fait », « qui qu'a mis », « y'en a qui », « a que je », et si j'essayais de parler correctement, c'était un tollé.

Quand la coupe était pleine – et elle l'était souvent – je me rebellais comme je le pouvais, même très jeune. Comme je n'étais pas de taille à le faire physiquement, je le faisais avec des mots. Seulement, les mots restent des armes dérisoires, sans portée aucune, à partir du moment où l'on a en face de soi des gens qui ne comprennent pas, ou ne veulent pas faire l'effort de comprendre.

Petit à petit, à cause de la violence d'Émile, mon frère aîné a basculé dans des crises de colère dévastatrices. Je me rappelle l'avoir vu renverser un buffet de cuisine avec toute la vaisselle, quand il était petit. Allez comprendre d'où provenaient ces accès de fureur, qui ont vraisemblablement perduré ? J'en ai d'ailleurs un souvenir. J'avais vingt-deux ou vingt-trois ans. J'étais déjà mariée. Un matin, comme le « service » n'allait pas assez vite à son goût, il s'est mis à hurler et m'a flanqué une gifle, avec une telle force qu'elle m'a expédiée contre une porte. Je me suis relevée immédiatement.

– Mais qu'est-ce qui te prend ?

Il a aboyé :

– Mon petit déjeuner !

J'ai répliqué :

– Tu peux toujours me frapper, je ne suis pas maman !

Alors il s'est jeté sur moi et m'a plaquée au sol. Maman est arrivée à ce moment-là, avec le plateau. Elle m'a vue en mauvaise posture... Et elle a éclaté de rire ! J'étais outrée, je trouvais sa réaction indigne. C'était de la complaisance face à un comportement de brute primitive. La même complaisance qu'elle avait manifestée, autrefois, devant Émile.

Car maman a toujours couvert Émile. Pourtant, elle mesurait la gravité des actes de son mari, elle savait qu'ils pouvaient avoir des conséquences épouvantables... Je crois que maman était complètement soumise, par nature. Soumise à ses parents d'abord, puis à son mari, puis à son fils aîné. La soumission de ma mère m'a toujours stupéfiée, mais elle n'enlève rien à son extrême gentillesse ni à ses qualités de cœur. Son dévouement pouvait aller jusqu'à l'absurde, parfois vis-à-vis de gens qui ne le méritaient pas. Sans doute avait-elle besoin de reconnaissance. Elle l'obtenait en se montrant bonne avec les autres, en consacrant une partie de son existence à élever les gamins de la DASS. J'entendais dire d'elle « Simone est quelqu'un de bien », ou « Mme Louis est une femme extraordinaire » ; ou encore, après le divorce, comme elle avait repris son nom de jeune fille, « Mme Delagneau est vraiment une personne remarquable ! »

Pourtant... Pourtant, si ma mère était partie ou si elle avait dénoncé Émile, elle aurait soustrait ses enfants à l'influence et aux mauvais traitements de cet homme. Sans s'en rendre vraiment compte, elle a verrouillé le système.

Nous étions piégés. Moi en particulier, par l'amour que je portais à cette femme qui était mon seul repère affectif.

Le meilleur exemple du piège reste à mes yeux cette dramatique histoire du viol de ma « petite sœur » Céline – entendez une enfant qui nous avait été confiée –, que l'on m'a dissimulé pendant vingt-deux ans par crainte – justifiée – de mes réactions. Si maman avait vraiment été une « mère la vertu », elle aurait dû livrer Émile aux gendarmes. Il se serait peut-être sauvé, mais il ne serait pas allé bien loin. Je ne parviens pas à me défaire d'un sentiment d'écœurement devant son attitude et celle de mes frères et sœur dans cette sinistre affaire. Tout le monde savait, tout le monde s'est tu.

Aujourd'hui encore, je me demande pourquoi maman s'est murée dans le silence. Je n'ai pas la réponse à cette question, même si je sais qu'elle n'a jamais reçu aucun appui de la part de sa famille, même si j'ai vu sa propre mère l'enfoncer... Comment a-t-elle pu accepter tout cela, pour elle d'abord, et pour ses enfants ensuite ? Il y a là quelque part un manque de dignité. Je me souviens avoir lu dans le *Journal* d'Anne Frank une petite phrase qui résonne en moi douloureusement : « Il faut avoir honte, et j'ai honte terriblement. » Avec les années et cette déposition libératrice, j'ai pu me libérer en grande partie de l'emprise d'Émile Louis. Mais pas de la honte.

– 3 –

UNIS PAR LES LIENS DU MALHEUR

Je ne crois pas à la prédisposition au malheur, mais le destin provoque parfois des rencontres maléfiques... Mes parents se sont trouvés en 1953, à Pontigny, une petite bourgade de l'Yonne entre Auxerre et Saint-Florentin.

Maman avait alors dix-huit ans, c'était une jeune femme d'une grande beauté. Elle travaillait comme employée de maison – bonne à tout faire, disait-on à l'époque – au domicile d'un couple d'épiciers, des gens charmants qui l'appréciaient et dont elle a toujours dit le plus grand bien. La sœur du patron répétait même volontiers qu'elle aurait mérité un emploi moins ingrat.

Ma mère a d'abord fréquenté un saint-cyrien qui venait en vacances dans sa famille. Il s'était attaché à elle et recherchait sa compagnie. Ils sortaient ensemble, mais il était de six ou sept ans son aîné et cette différence d'âge a fait hésiter maman.

C'est à ce moment qu'elle a rencontré Émile Louis, un marin fraîchement débarqué du porte-avions *Arromanches*, et tout auréolé du prestige que lui conférait son unité de retour d'Indochine. Le jeune engagé était en permission à Pontigny chez ses parents nourriciers. Officiellement, Émile était basé à Toulon. Il disait avoir là-bas une petite amie, dont il nous a d'ailleurs parlé par la suite, une fois ou deux. Il se souvenait de collections de papillons et d'estampes qu'elle aurait eues chez elle... Bref, il n'avait qu'un an de plus que maman, il portait l'uniforme, il était séduisant... Ils se sont mariés le 3 octobre 1954. Une seule ombre au tableau : la famille d'accueil d'Émile ne voulait pas qu'il épouse maman. Ils n'ont pas assisté à la cérémonie et se sont ensuite toujours refusés à revoir celui qu'ils avaient élevé. Avec les éléments dont j'ai pu avoir connaissance par la suite, je crois qu'ils redoutaient le comportement d'Émile avec les femmes. Personne ne le connaissait alors mieux qu'eux. Sous des dehors aimables, il allait très vite révéler sa vraie personnalité : violente, instable, manipulatrice.

Pourtant Émile Louis a été élevé par une mère adoptive extrêmement exigeante en matière d'éducation, de morale et de politesse. Il avait trois semaines lorsqu'il fut placé dans cette famille d'accueil qu'il considéra comme sa famille naturelle jusqu'à l'âge de quinze ans. Là, il a découvert la vérité sur sa naissance, sans connaître pour autant l'identité de ses véritables parents. Quoi qu'il en soit, jusqu'à l'adolescence, il n'a vécu pratiquement qu'avec des femmes. La famille C. avait déjà trois filles, plus une quatrième adoptée, lorsqu'elle accueillit ce nouveau-né à qui l'Administration avait donné trois prénoms en guise de passeport pour la vie : Émile, Michel, Louis. Un autre bébé de l'Assistance, Julien, son frère d'adoption, fut placé là en même temps que lui.

Il est difficile de comprendre, avec les mentalités d'aujourd'hui et les mœurs d'une société très différente de celle de l'entre-deux-guerres, ce qui poussait ces couples ayant déjà trois ou quatre enfants à en adopter plusieurs autres, d'autant qu'à cette époque les nourrices n'étaient pas rémunérées par l'Assistance publique. Celle-ci plaçait généralement les orphelins dans des familles de paysans ou de commerçants afin qu'ils aident dès leur plus jeune âge aux travaux de la ferme ou au magasin, mais rarement dans d'autres milieux comme ce fut le cas pour Émile Louis.

Apparemment, Émile a toujours été difficile, même à l'école où, paraît-il, il était un élève très médiocre. Je n'ai pas eu ses bulletins scolaires entre les mains, mais je le crois sans peine. Émile parlait d'ailleurs souvent de son instituteur, M. Lorant, à qui il aurait fait « les pires crasses ». Il se vantait d'avoir renversé ses ruches, martyrisé son chat... Vrai ou faux ? Je n'en sais rien. Émile a toujours aimé fanfaronner et se vanter de rébellions diverses, alors que, par nature, c'est un pleutre. Pour ce qui est de l'école, j'ai l'impression que le récit enjolivé de ses méfaits révélait uniquement ce qu'il aurait eu envie de faire. À mon avis, en réalité, il se tenait à carreau au fond de la classe... Même si la situation des gamins comme lui, à l'époque, avait de quoi les pousser à la révolte.

Dans ces années-là, en effet, les enfants placés chez des parents adoptifs étaient souvent considérés comme du « gibier de potence ». Dans les villages ou les communes rurales, on ne disait pas « les enfants de M. et Mme Untel », mais « les enfants de l'Assistance ». On les traitait de « bâtards », on les chargeait de tous les maux à l'égal des Gitans ou des forains, et ce régime à part (encore en vigueur de nos jours dans certains villages de la France profonde) n'était certes pas de nature à favoriser une intégration harmonieuse dans la société. Le père adoptif d'Émile, Léon, un artisan maçon, fossoyeur à ses heures, a néanmoins tenté d'apprendre le métier au jeune garçon. Celui-ci l'accompagnait d'ailleurs volontiers sur les chantiers ou au cimetière où il a très jeune commencé à creuser, vite et bien. En tout cas, il a acquis une expérience et beaucoup plus tard, à l'âge de la retraite, à Draguignan, il redeviendra fossoyeur.

Faut-il voir une coïncidence entre la découverte par Émile de son état de fils adoptif et ses écarts de comportement vers l'âge de quinze ans ? En tout cas, c'est à cette époque qu'il a été accusé d'avoir mis le feu à un entrepôt de paille. Il était soi-disant en train de faire un chantier avec son père lorsqu'un saisonnier l'aurait envoyé acheter des allumettes... La suite est confuse. Était-il coupable ou faisait-on du « gamin de l'Assistance » le bouc émissaire idéal ? Il a nié, mais on l'a tout de même envoyé dans une maison de redressement, à Grenoble. J'ai entendu dire qu'il était aussi passé par l'hôpital psychiatrique. Où est la vérité ? Quand ma mère était en colère, elle affirmait que c'était bien lui qui avait mis le feu à l'entrepôt de paille, et lorsqu'il était moins dur avec elle maman l'innocentait. Allez savoir...

Après son séjour en maison de redressement, à dix-sept ans, Émile a dû accomplir ses obligations militaires. Il s'est engagé pour trois ans dans la Marine. Était-ce délibéré ? A-t-il eu le choix ? Souvent, en ce temps-là, face à divers méfaits, l'alternative était simple : la prison ou l'armée !

Émile a rapidement été affecté au porte-avions *Arromanches*, l'ex-britannique *HMS Colossus*, mis en service en 1944, et dont le pont d'envol était encore en bois. Pour le jeune engagé, cela représentait presque un nouveau départ, mais là encore des problèmes ont surgi. Vraisemblablement, une fois de plus, à cause de son comportement. Émile n'est pas allé au terme de son engagement, et son contrat n'a pas été prorogé. Pourquoi ? Une chose est claire, la Marine ne voulait plus de lui : l'armée ne met pas fin sans raison à un engagement avant le terme de celui-ci. En fait, quand mon père a rencontré maman, en 1953, il ne lui restait que quelques mois à accomplir, et lorsqu'ils se sont mariés, l'année suivante, il n'était plus dans la Marine. Dommage : s'il avait pu y faire carrière, il aurait peut-être eu l'opportunité de tourner le dos à ses souffrances secrètes d'enfant abandonné.

Je dis « secrètes » car le passé de mon père demeure très flou pour moi. Comment s'y retrouver entre le mensonge, la dissimulation et la manipulation qui caractérisent la personnalité d'Émile ? Ses pratiques ont pourri mon enfance et m'ont fragilisée. Comment prendre ses repères et trouver ses marques dans un univers mouvant, fait de récits contradictoires et de vérités relatives ?

Ce qui est sûr, c'est qu'Émile a découvert à l'adolescence, sans doute par hasard, que ceux qu'il considérait comme ses parents ne l'étaient pas. Je peux comprendre que cela ait eu une influence sur lui, au point de modifier son comportement en profondeur. Il parlait très peu de son enfance, et il ne me semble pas qu'il se soit beaucoup confié à maman. Mais jamais je ne l'ai entendu dire un mot de travers sur sa famille nourricière. En revanche, il honnissait ses parents naturels. Je crois qu'il était sincèrement choqué qu'on puisse se séparer ainsi d'un enfant. Il méprisait ceux qui n'hésitaient pas à le faire. Si bien qu'il n'a jamais éprouvé le besoin de savoir qui était sa vraie mère. Du moins, il n'a pas fait de démarche en ce sens. Un jour où je l'ai interrogé à ce sujet, il m'a répondu brutalement :

– C'est une salope qui m'a abandonné !

– Qu'en sais-tu ? Il est possible qu'elle ait été obligée de le faire, pour te protéger par exemple...

Je devais avoir une quinzaine d'années, et j'essayais de parler avec mon père pour connaître sa vie. J'y parvenais rarement. Il se bloquait et se fermait très vite ou bien il se mettait à raconter n'importe quoi. Cette indifférence apparente doublée d'hostilité à l'égard de ses géniteurs m'a bouleversée. Au point que, la loi me le permettant aujourd'hui, j'ai décidé de faire moi-même la démarche à sa place pour savoir d'où il venait. Hélas, Émile est bien né sous « x ».

Mon père m'a fait beaucoup de mal et il en a fait encore plus autour de lui. Je reste persuadée que la question de ses origines a façonné sa personnalité. Sa tendance mythomaniaque en tout cas. Un jour, il a prétendu connaître sa « véritable histoire » :

– Je sais d'où je viens. Mon père était curé, c'est pourquoi ma mère ne pouvait pas le dire.

Mais quelques semaines plus tard, sa version des faits avait changé :

– On m'a trouvé au bord de l'eau, avec cinquante mille francs dans mes langes.

C'était faux, mais inspiré de l'histoire de l'autre garçon

de l'Assistance, Julien, élevé en même temps que lui. Julien avait été trouvé avec de très beaux linges, un petit trousseau, de l'argent et une médaille de baptême ayant appartenu à sa mère. D'après ce qu'Émile avait pu apprendre, Julien n'avait pas voulu faire de recherches car il estimait avoir été très bien élevé par la famille C. Il considérait que ce serait trahir ses parents d'adoption que de rechercher sa véritable mère.

En fait, Émile était d'une mythomanie délirante et sans limites. Mais pas sans calcul. Pour l'affronter et le pousser dans ses retranchements, il fallait profiter des moments où il était souffrant. Et encore... ça ne marchait pas toujours. Émile avait une peur bleue de la maladie. C'était vraiment un patient tout droit sorti d'une pièce de Molière, geignard, pleurnichard. Un jour où il craignait de faire une péritonite et, se croyant à l'agonie, demandait pardon pour tout ce qu'il nous avait fait endurer, j'en ai profité pour lui demander pourquoi il mentait tout le temps.

– Te rends-tu compte du mal que tu nous fais et que tu fais aux autres en racontant et commettant de pareilles horreurs ?

– Tu sais, a-t-il enchaîné sans se démonter une seconde, je suis allé en Indochine. Une nuit, j'ai quitté le porte-avions pour aller à terre. Avec un copain nous avions pris une chaloupe, et sans le faire exprès celui-ci m'a donné un coup de rame qui m'a assommé et...

Je l'ai coupé :

– Garde ces histoires pour maman. Avec moi, ça ne prend pas !

J'ai dû faire mouche, car il n'en a jamais reparlé. En fait, l'*Arromanches* avait une mission d'appui logistique aux troupes terrestres en Indochine. Il apportait des vivres, des munitions, rapatriait les corps en France. Émile n'a sans doute jamais quitté le bord, son silence me le laisse à penser.

Mais il a inventé d'autres histoires ! Nous avons été abreuvés de balivernes, maman surtout. La plus extravagante était celle d'une décoration qu'il aurait reçue pour avoir sauvé la vie d'un amiral dont l'avion, un chasseur, se serait abîmé en mer après avoir raté son appontage. Émile aurait sauté à l'eau et réussi à extraire l'amiral de l'habitacle avant que l'appareil ne coule. D'abord, on peut se demander ce que faisait un amiral aux commandes d'un chasseur. Ça ne tient pas debout. Et puis, aucun média n'en a parlé, aucune photo, ni dans la presse ni à la maison. Émile l'aurait montrée à tout le monde si elle avait existé, comme la fameuse décoration que personne n'a jamais vue. Certes, lorsqu'il s'est retiré dans le sud de la France, il a participé à une cérémonie, et *Var Matin* a fait une photo de lui, « décoré ». Mais la médaille qu'il arbore sur ce document est celle que peuvent acquérir tous les anciens combattants lorsqu'ils adhèrent à une association !

Parfois, il remplaçait l'amiral par un certain Moïse, l'un de ses copains. Celui-ci serait tombé du pont de l'*Arromanches* et Émile l'aurait sauvé. « Moïse sauvé des eaux » par Émile Louis ! Biblique ! À qui aurait-il pu faire croire une ânerie pareille ? D'ailleurs, je doute qu'il ait jamais lu la Bible, même s'il se prétendait fervent chrétien.

Il raconta un temps qu'il avait assisté au couronnement de la reine Élisabeth d'Angleterre. Puis la fable évolua : le jour du sacre, l'*Arromanches* aurait seulement croisé au large des côtes anglaises... La Marine, décidément, restait sa source d'inspiration favorite. Un petit sous-marin français ayant coulé dans les années cinquante, Émile a prétendu qu'il aurait dû se trouver à son bord, mais qu'au dernier moment un copain avait pris sa place. Quel médecin militaire aurait pris le risque de le déclarer apte au service à bord d'un submersible ? En fait, Émile avait besoin de se poser en héros, ou en héros malgré lui. Au point que je me suis souvent demandé si sa tendance maladive à la fanfaronnade n'a pas causé sa perte, d'une certaine façon. Pendant des années, alors que le filet se refermait autour de lui dans l'affaire des disparues de l'Yonne, il a continué à ouvrir largement sa porte aux journalistes.

*
**

Maman n'a pas pris tout de suite conscience de la personnalité ambiguë de son compagnon. Le mariage lui avait permis avant tout d'échapper à sa famille et surtout à sa mère, qui la battait. Maman a pris des coups tous les jours tant qu'elle a habité sous son toit. Jusqu'à ce qu'elle soit placée comme bonne à tout faire, dans une ferme, à quatorze ans. En fin de semaine, son beau-père (le père de maman était mort à la guerre de 1939-40) recevait la paye sans lui donner le moindre sou. Elle était logée et nourrie sur place, c'était suffisant. Pourquoi aurait-elle eu besoin d'argent ? Ce beau-père était le pire des paresseux – à l'époque, on disait « feignant ». Il se prétendait « fonctionnaire », mais passait ses journées à la maison, sauf en fin de semaine, pour aller dépenser la paie de maman. Il était sans doute plus gentil que sa femme, mais il avait si peur d'elle qu'il n'a jamais tenté de tempérer sa fureur.

Maman a été si malmenée qu'elle aurait pu finir handicapée voire en mourir, mais elle a traversé tout ça de son mieux parce que, tout simplement, pensait-elle, c'était sa vie. Chez ma grand-mère, la violence était une deuxième nature. Elle a frappé son second mari, un ancien gendarme selon la famille, mais j'ai toujours émis un doute sur la nature de ladite fonction. Il aurait été « gendarme » pendant une très courte période durant la Seconde Guerre mondiale ; aux alentours de 1942, nombre de services du gouvernement faisaient alors appel aux bonnes volontés...

Au moindre prétexte, d'après certains des siens, elle se battait avec n'importe qui, à coups de manche de pioche. Ce n'est pas une formule de dire qu'elle régnait par la terreur sur ses quatre enfants. Non seulement elle frappait et insultait ses proches, mais durant la guerre elle avait délibérément affamé maman et son frère Gaston. Les Allemands qui occupaient le petit village où la famille habitait n'étaient pas malveillants. Ils donnaient de temps en temps à maman et à Gaston des saucisses et des lentilles... que leur mère dévorait sans leur en laisser le moindre morceau. Elle a ainsi réussi à traverser l'Occupation sans perdre un gramme... Elle pesait une centaine de kilos !

Pour mesurer la « générosité » de ma chère grand-mère, il faut savoir qu'elle a perçu les allocations d'orpheline de guerre de sa propre fille jusqu'à la majorité – vingt et un ans à l'époque –, bien que maman se soit mariée à dix-neuf ans ! Ce « détournement » d'allocations m'a tellement choquée qu'un jour je n'ai pas pu m'empêcher de lui dire :

– Pourquoi maman a-t-elle manqué de tout dans son

enfance alors qu'elle travaillait dur ? Tu t'es servie de sa pension pour entretenir tes parasites, c'est ça ?

En guise de réponse, j'ai reçu une gifle magistrale. Je la sens encore. Cette femme était une forcenée. Maman m'a raconté qu'un soir elle avait été réveillée par des hurlements dans le salon. Dans un accès de colère, ma grand-mère venait de planter un couteau dans le lit de l'un de ses fils. La lame avait pénétré le matelas à quelques centimètres de sa tête.

– J'ai cru que mon petit frère allait mourir de frayeur, m'a dit maman en se remémorant cette scène.

Quant à moi, je ne suis pas près d'oublier la raclée qu'elle m'a administrée lorsqu'elle est venue vivre à la maison. Au sens propre du terme, comme dans les dessins animés, j'ai vu trente-six chandelles. Je ne suis pas revenue à moi tout de suite. Maman a laissé faire et n'a rien dit... Sans doute avait-elle toujours aussi peur de l'auteur de ses jours.

Pour d'obscures raisons, ma grand-mère avait fait de ses deux enfants nés d'un premier lit ses souffre-douleur. Quatre enfants étaient nés de sa deuxième union, une fille, Gertrude, et trois garçons, Léon, Jules et Gédéon, ce dernier tout juste dix ans après maman.

La morale n'étant pas le fort de cette tribu, le deuxième mari de grand-mère aurait profité de l'absence de son épouse – hospitalisée – pour coucher avec une femme de la famille dans le lit conjugal alors que, faute de place, deux des enfants dormaient au pied de cette même couche.

Que maman ait été une enfant martyre explique beaucoup de choses. D'abord, son comportement, son acceptation de la vie qu'Émile lui a fait mener, et son attitude envers nous, ses enfants. Dans sa jeunesse, m'a-t-elle confié un jour, elle attendait le prince charmant. Elle y croyait, parce qu'elle avait besoin d'y croire, comme à une lueur au bout du tunnel. Un espoir... Malgré sa force de caractère, maman avait été marquée moralement par sa mère, et peut-être ne se serait-elle pas mariée avec Émile Louis si elle avait connu un autre climat familial.

– Tu comprends, m'a-t-elle avoué un soir, je trouvais mon saint-cyrien moins beau que ton père, et quand on est jeune, la beauté ça compte... Mais, surtout, je n'aurais jamais osé amener un garçon aussi bien que lui chez nous. Qu'aurait-il pensé de moi ?

Tout était dit. Ma mère aspirait au mariage mais n'envisageait à aucun moment de faire venir son saint-cyrien de soupirant à la maison. Rencontrer Émile, ce fut comme dénicher un autre paumé, de la même espèce qu'elle, du même moule, du même malheur. À cause des coups qu'elle recevait, maman se considérait elle aussi comme « abandonnée ». Deux misères s'unissaient. Pour le meilleur, mais surtout pour le pire.

*
**

La voilà donc mariée. Émile s'est fait embaucher dans une briqueterie, à Héry, près de Rouvray, et maman travaille dans une usine pyrotechnique, à la fabrication de détonateurs avec une mise à feu par cordeau Bickford. Tous deux se sont installés à l'écart du bourg, en pleine campagne, dans une ancienne maison de garde-barrière, au bord d'une ligne désaffectée. On trouvait alors beaucoup de maisons de ce genre sur l'axe Paris-Lyon-Méditerranée. On les reconnaissait au sigle « PLM » inscrit sur les façades.

Très vite, Émile a lâché la bride à sa jalousie pathologique, au point de priver maman de tout contact extérieur. Il allait la chercher à l'usine et lui interdisait de parler avec d'autres que lui. Puis bientôt elle a dû quitter son emploi. Mais le travail ne manquait pas à la maison : maman avait récupéré ses demi-frères, Jules et Gédéon. Du jour au lendemain, elle les avait pris à sa charge après la séparation de grand-mère et du beau-père. Émile ne s'y est pas opposé, mais il a laissé sa femme se débrouiller.

Mon père a commencé à frapper maman dans les mois qui ont suivi leur mariage. Et elle a accepté sans réagir... Sans doute a-t-il su « doser », ne pas aller trop loin au début, faire passer ses perversions pour des jeux érotiques qui, parfois, dégénéraient. Émile obligeait maman à se déshabiller et l'attachait nue à un arbre, dans le petit bois, près de la maison, « pour jouer aux Indiens ». Ensuite, il s'est enhardi et s'est mis à lui infliger des sévices, à la martyriser. L'arbre du petit bois est devenu un poteau de torture. Plus tard, et pendant des années, il s'est livré sur sa femme à de véritables actes de barbarie, après l'avoir droguée...

Pourquoi n'est-elle pas partie alors qu'elle était libre, jolie, sans enfant, indépendante, courageuse, capable d'assumer sa vie ? Pourquoi a-t-elle accepté ? C'est un mystère. Un mystère épouvantable.

Et puis je suis née, en avril 1956, à la maternité de Migennes, une petite ville près de Joigny, sur la route de Sens.

– 4 –

« JE VAIS TE MONTRER COMMENT NAISSENT LES BÉBÉS »

Lorsque je me remémore ma petite enfance à Rouvray, je pense à une plante sauvage, épineuse. Une vie rythmée par les changements d'emploi d'Émile. Il travaillait un peu partout dans la région, chez des artisans, mais ne restait jamais longtemps à la même place, parce qu'il finissait toujours par se retrouver en conflit avec les gens. Pourquoi ? Nous l'ignorions. Pourtant ce n'était pas un paresseux. Au contraire. En fait, peu lui importait le métier qu'il exerçait. Il ne s'intéressait qu'à la paie de fin de mois, mais pas par amour de l'argent. Certes, il y avait sans arrêt les parasites de la famille maternelle à nourrir à la maison – mes parents les ont traînés pendant une quinzaine d'années –, mais Émile avait surtout besoin de revenus pour conserver des relations avec ses innombrables maîtresses et appâter de nouvelles proies. Mais de cela on ne se rendrait compte que plus tard...

De toute façon, à cette époque, maman n'avait pas le temps de se poser de questions. Ses journées étaient bien occupées. D'abord, les enfants... En mai 1957, treize mois après moi, elle avait donné le jour à un garçon, Philippe.

Vingt mois plus tard, ma sœur était née. Trois grossesses en trente mois, en plus du travail à la maison, de l'entretien de son mari, des parasites... Elle ne se reposait pas beaucoup. D'autant qu'elle avait dû, en plus, s'occuper pendant six mois du bébé d'une « amie » – la « famille » le lui avait imposé. La maman de ce bébé était mère célibataire. À l'époque, on disait « fille mère » et c'était très mal vu, surtout à la campagne. Elle s'était fait faire cet enfant par un homme qui l'avait abandonnée avant de se retrouver en prison pour viol. Et c'était maman qui en assumait les conséquences !

Finalement, Émile Louis s'est débrouillé pour entrer à la SNCF. Il a obtenu un poste sur les voies, à Avallon. Nous avons déménagé. Ma sœur venait d'avoir un an et maman attendait un quatrième enfant pour l'été 1961. Nous nous sommes installés en appartement, dans une petite cité assez agréable, propriété de la SNCF. Deux douzaines de familles y vivaient, pour la plupart des employés de la SNCF. Nous n'avions pas de rapports avec eux, mais je suis ensuite allée en classe avec leurs enfants. La cohabitation était bonne et la solidarité permanente. Sur un terrain voisin, chacun disposait d'un petit jardin pour faire pousser des légumes et monter des clapiers. À Pâques, nous allions y chercher les œufs que les parents avaient dissimulés. C'était, avec Noël, une des deux traditions qu'Émile respectait. Ces jours-là nous parvenions à l'aimer et à imaginer l'impossible : le bonheur à la maison.

*
**

Les dernières semaines de la quatrième grossesse de maman se sont mal passées. Elle était fatiguée. Et je suis à mon tour tombée malade. J'avais de la fièvre, je vomissais. On a parlé d'une méningite ou d'une encéphalite. J'ai été hospitalisée à Avallon, le jour où ma mère est elle-même entrée en clinique. Je me souviens de la ponction lombaire, un mauvais moment à passer pour une enfant de cinq ans. Je me suis rapidement rétablie et je suis sortie la veille de l'accouchement de maman.

Pendant ce temps, mon frère et ma sœur avaient été placés dans un centre de vacances et de repos à Cesson, dans la Seine-et-Marne, près de Melun, où la SNCF accueillait les enfants dont les parents étaient hospitalisés ou momentanément empêchés de s'occuper de leur progéniture. Moi, j'ai été confiée à Marguerite, une voisine et amie de maman, l'épouse d'un collègue de mon père. C'était une femme à poigne, ancienne infirmière militaire durant la Seconde Guerre mondiale, que nous appelions familièrement « Maguite ». Elle avait soigné maman et les deux femmes avaient sympathisé, malgré la différence d'âge. « Maguite » avait trente ans de plus que ma mère et elle avait sans doute compris que celle-ci n'était pas heureuse. Elles s'étaient peut-être fait des confidences. Plus tard, maman m'a dit : « Elle a été ma mère plus que ma propre mère ! » Moi j'adorais Maguite, parce qu'elle était calme, rassurante, et parce qu'elle racontait des histoires passionnantes sur sa vie, sur ce qu'elle avait vu ou fait pendant la guerre. Elle avait rencontré son mari dans un hôpital militaire où il était soigné comme beaucoup de cheminots blessés par les bombardements allemands. Elle avait deux enfants d'un premier mariage, et je crois qu'elle devait être grand-mère. En tout cas, elle comprenait merveilleusement les tout-petits.

Ma mère a accouché en pleine nuit. Le lendemain, Émile est venu me chercher. Nous sommes allés voir maman et j'ai découvert mon deuxième petit frère, Bastien. J'ai vécu ce moment comme un privilège et le seul fait de constater que maman allait mieux m'a soulagée, car Émile n'avait cessé de me répéter : « Ta mère va crever, tu vas voir ! Ta mère va crever ! »

Rassurée, émue, excitée, je suis sortie euphorique de la maternité. Mais Émile s'est aussitôt chargé de me remettre les pieds sur terre. Dès que nous sommes arrivés à la maison, il est devenu... « méchant ». C'est le mot qui s'impose à moi quand je pense à ces moments. « Méchant »... Un mot d'enfant. Comme le méchant loup. Un mot synonyme de terreur. Il m'a poussée dans la chambre et il a dit qu'il allait me montrer « comment naissent les bébés ».

Je me souviens de sa phrase et très précisément de sa voix, du ton qu'il a employé. Pour le reste, mes souvenirs deviennent vagues, flous. Il reste pourtant des flashes d'une étonnante précision. Je crois que je me suis détachée de moi-même. J'étais comme anesthésiée, mais je n'ai pas oublié la brutalité. On dit que les pères incestueux, pour abuser de leur enfant, les approchent souvent avec tendresse, en tentant d'établir une complicité... Ce n'était pas le genre d'Émile. Il faut qu'il domine, par la force. Il peut devenir très violent dans ces moments-là. Violent en paroles et en gestes. Je me remémore mal ce qui s'est passé, sans doute parce que j'ai voulu oublier... Un souvenir précis surnage, cependant : il a introduit dans mon sexe un de mes jouets, un petit poupon de trois ou quatre centimètres. Ensuite, ce sont les ténèbres. Je sais qu'il a fini par me laisser tranquille, que je me suis couchée et que je n'ai pas pu dormir de la nuit. Il m'avait violée. J'avais cinq ans. Je ne savais pas ce que ça signifiait ni même que ça existait. Mais mon corps et mon esprit blessés avaient compris. Une blessure abominable, qui ne se referme jamais tout à fait.

Le lendemain matin, Émile m'a ramenée chez Maguite. Je ne sais ce qu'elle a pensé, ce qu'elle a deviné, mais elle m'a aussitôt demandé si tout allait bien. Et elle ne souriait pas. Elle avait un air grave. Je n'ai pas répondu. Alors, calmement, en me regardant droit dans les yeux, elle a dit :

– Ce soir tu dors chez moi ! C'est compris ?

C'était un ordre, mais un ordre rassurant. J'ai demandé :

– Est-ce que je peux avoir un bonbon à la menthe ?

Elle avait une boîte de bonbons en métal, rouge avec un couvercle blanc, qui me fascinait : elle contenait les bonbons de Maguite, une récompense savoureuse. Elle m'en a donné un aussitôt...

– Tiens... Et nous irons voir maman toutes les deux...

Puis elle s'est tournée vers Émile et elle a lancé d'un ton sec :

– Vous, allez travailler !

Émile a décampé sur-le-champ. Il filait doux face à de fortes personnalités comme Maguite. Il avait peur d'elles. Maguite le rudoyait, savait le remettre à sa place, sans jamais se monter violente. Un mot : tout rentrait dans l'ordre. En fait, elle le dominait.

– La semaine prochaine, a-t-elle ajouté, tu iras à Cesson

rejoindre ton frère et ta sœur en attendant que maman revienne à la maison.

*
**

J'ai des souvenirs assez précis de ce matin-là, celui d'après le viol. Mais j'ai du mal à définir ce que je ressentais. Tout était à la fois ordinaire et différent. J'ai eu l'impression d'avoir vieilli d'un coup, d'être devenue grande, presque adulte. Aujourd'hui encore, je ne parviens pas à faire la part des choses, à donner son poids à ce que je venais de subir, à séparer le choc du viol de l'émotion provoquée par la naissance de mon petit frère... J'ai eu la certitude qu'une page de ma toute jeune existence venait d'être tournée, que je ne serais plus jamais comme avant. J'avais raison.

Je suis partie à Cesson rejoindre mon frère et ma sœur. Nous y sommes restés jusqu'au retour à la maison de maman et du bébé. Mon frère Philippe me reproche de ne pas être restée aussi longtemps que lui à Cesson... Même encore aujourd'hui. C'est à peine croyable. Je voudrais qu'il lise ces lignes et qu'il médite sur le fait qu'il aurait pu être à ma place.

Je n'ai rien osé dire à ma mère, d'abord parce que je n'ai pas trouvé les mots pour exprimer ce qui s'était passé, mais aussi parce que j'étais déjà en proie à ces sentiments obscurs et destructeurs qui envahissent les victimes d'un viol : la honte et la culpabilité. La vie ne s'est pas arrêtée, mais je suis devenue une autre, moins gaie, plus craintive, en proie à des terreurs nocturnes et à des insomnies. En apparence, je continuais à jouer comme les enfants de mon âge, mais à l'intérieur, quelque chose s'était brisé...

Je vivais dans la crainte qu'Émile n'en ait pas fini avec moi. J'avais raison d'avoir peur...

L'année suivante Émile Louis a décidé de m'emmener le matin à l'école en Mobylette. Ça se faisait beaucoup à l'époque, et pas seulement dans les milieux modestes. C'était agréable et rapide, mais très vite j'ai refusé de monter sur sa machine, parce qu'il s'arrêtait dans une petite rue et qu'il exigeait que je baisse ma culotte. Là encore, je n'ai pas osé dire la vérité à maman. J'ai simplement prétendu être assez grande pour me rendre à l'école toute seule.

Dans ce monde d'abus, de silence, de violence, de mensonge, je crois que je dois ma survie à la lecture. Maman m'en avait enseigné les rudiments et, à cinq ans, je parvenais déjà à lire de vrais livres. Ceux de la collection « Rouge et Or », mon trésor ! Les personnages de roman sont devenus mes seuls véritables amis. J'étais atteinte d'une espèce de rage de lire, pour m'abîmer dans des univers différents du mien. Sans ces « autres mondes » où je me sentais à l'abri, je crois que je n'aurais pas tenu le coup.

C'est à cette période, et en partie à cause de mes lectures, que j'ai commencé à voir mon père différemment. À sept ou huit ans, je le trouvais carrément stupide, borné, avec ses *Détective* et ses bouquins obscènes sur les camps de la mort ! Il n'était même pas capable de suivre un documentaire à la télévision ni même de regarder un film jusqu'au bout. Et ça ne s'est pas arrangé avec les années ! C'est un sentiment douloureux pour un enfant que de ne plus ressentir d'estime pour son père. Mais était-ce vraiment à cause de son ignorance et de sa bêtise que je le méprisais ? Bien sûr que non, la vraie raison était ailleurs. Seulement j'évitais d'y repenser.

En classe préparatoire, l'année de mes six ans, j'ai reçu le prix d'excellence. Loin de me féliciter, Émile m'a insultée.

– Espèce de feignasse, au lieu de bouquiner, tu ferais mieux de te rendre utile à quelque chose ! Et puis des bouquins, encore des bouquins... Qu'est-ce qu'on va en foutre ? En plus, c'est des gens qu'on connaît même pas !

Une brute ignorante, méchante, violente. À mes yeux, c'était ça qu'il était devenu, lui que j'aurais souhaité considérer comme un modèle.

Et je n'étais pas au bout de mes surprises. Il me réservait encore des parts d'abomination.

*
**

En 1963, Émile s'est mis dans l'idée d'arrondir ses fins de mois en travaillant à temps partiel pour un poissonnier d'Avallon. Cette nouvelle occupation a eu pour conséquence immédiate d'enrichir son vocabulaire. Il a cessé pendant quelque temps de nous traiter de putains, maman et moi. Désormais, il préférait « morue ». Il était déjà, à cette époque, l'individu provocateur et vulgaire que découvriront les journalistes qui le rencontreront après que l'affaire des disparues aura éclaté.

C'est dans cette poissonnerie d'Avallon que pour la première fois la vraie nature d'Émile s'est révélée. La femme du poissonnier avait une fille de treize ans, née d'un premier mariage, et dont le père vivait à Paris. Un jour, la gamine a disparu... Et Émile ne s'est pas présenté à son travail. La mère a réagi aussitôt. Elle s'est rendue à la gendarmerie et une procédure de recherche a démarré, puisqu'il s'agissait d'une mineure. Le lendemain, vers 6 heures du matin, une femme qui connaissait Émile l'a vu, dans un Abribus de Rouvray, en compagnie de la fille. La femme l'a interpellé :

– Mais qu'est-ce que tu fais là avec cette gosse ?

– Elle va voir son père à Paris et je la conduis au train, a répliqué Émile.

Je suis aujourd'hui convaincue que cette femme a sauvé la vie de la petite. Car il faut savoir que Rouvray n'est pas du tout sur la ligne Avallon-Paris, loin de là ! Émile a pris peur. Il a accompagné la fille à la gare la plus proche, où les gendarmes l'ont appréhendé. Apparemment, la gamine n'avait pas été abusée pendant les trois jours où elle s'était trouvée seule avec Émile. À aucun moment elle n'a chargé son compagnon de fugue. Les parents ont porté plainte. Émile a été interrogé, placé en garde à vue. Maman m'a dit : « Papa s'est égaré, il a fait un peu de bêtises ! » Plus tard, la plainte a été retirée. Je ne crois pas que la petite ait subi une expertise médicale. Je crains que tout le monde ait préféré se taire, enterrer l'affaire pour éviter le scandale. Ça se passe souvent comme ça dans les petites villes où tout se sait très vite, où les rumeurs enflent, alimentent les conversations. Émile a peut-être bénéficié de la loi du silence – déjà !

À l'époque, il n'avait que vingt-neuf ans. Rien à voir avec le retraité aux traits ravagés que les médias ont fait connaître à la France entière. C'était un gars séduisant qui pouvait parfaitement troubler une adolescente. Il a dû profiter de la situation, comme il l'a fait par la suite avec d'autres jeunes filles.

Curieusement, c'est à Rouvray qu'Émile s'est fait repérer. Il n'a plus rien à y faire depuis des années, mais cette ville est importante pour lui. Le nom de Rouvray sera souvent cité au cours de l'enquête. Certains des coins de pêche favoris d'Émile sont à Rouvray. Avait-il l'intention d'emmener la fille de la poissonnière au bord du Serein ? Trente-cinq ans plus tard, c'est la berge de cette rivière qu'Émile désignera comme sépulture de ses victimes.

Car Émile aimait la pêche ! Du moins l'affirmait-il, mais il ne la pratiquait pas aussi souvent qu'il le prétendait. Il est rentré un jour à la maison en exhibant fièrement des filets de brochet.

– Tu as vu ce que tu m'apportes ? a rétorqué maman. Ton brochet, c'est du cabillaud qui vient tout droit de chez le poissonnier !

Émile ne s'embarrassait pas de détails. Et ce n'étaient pas des poissons qu'il espérait ramener dans ses filets quand il traînait à Rouvray.

Naturellement, il a été viré de la poissonnerie. Alors il s'est acoquiné avec un charbonnier. Il s'est mis à lui donner des coups de main, le soir. Celui-là n'avait pas de fille... Émile se faisait appeler « le bougnat » ou « le p'tit bougnat » et gardait profil bas car l'affaire à laquelle il avait échappé était loin d'être anodine. Pour lui, juste une chaude alerte. Pour la société, une occasion manquée de briser à son début la carrière d'un présumé tueur en série.

Comme tous les manipulateurs obsessionnels, Émile possède une sorte de radar mental pour trouver ses proies, mais aussi pour se rapprocher de ses semblables. À l'époque du « bougnat », il s'était lié avec un ancien d'Algérie, pensionné à la suite de blessures reçues le jour même de son premier parachutage. Cet homme avait presque perdu l'usage de ses jambes et ne se déplaçait qu'avec des béquilles. Émile et lui entretenaient une amitié teintée de sadisme. Pour ce handicapé, Émile était à la fois un complice et un souffre-douleur. Ce type aux béquilles se servait de lui. Il lui faisait faire n'importe quoi. Ensuite, il se moquait de lui, le critiquait, le rudoyait verbalement. Émile se laissait faire... puis se vengeait sur plus faibles que lui. Une relation malsaine qui a duré des années avec sans doute des effets pervers sur Émile Louis, en raison de sa fragilité psychologique, de son instabilité et de sa personnalité détraquée. De ce point de vue, au moins, il ne simulait pas.

Ce que j'ai appris de leurs expéditions était la plupart du temps minable : vol de pommes de terre dans les champs ou de fruits sur les arbres de propriétés, de cartes postales sur le tourniquet de la maison de presse. Les plus sordides de toutes leurs sorties restent celles qui les conduisaient chez un épicier d'Avallon, un dénommé Ratzou, petit bonhomme rabougri, aussi gris que sa blouse. Sa boutique était un foutoir, il n'y a pas d'autre mot. Je me souviens qu'on nous emmenait chez lui, mon frère et moi, et que nous restions longtemps, vraiment longtemps, dans le magasin, avec l'ancien d'Algérie, pendant qu'Émile s'enfermait dans l'arrière-boutique avec madame Ratzou... Et monsieur Ratzou restait courbé devant la porte, l'œil collé au trou de la serrure. Pendant ce temps, l'ancien d'Algérie furetait partout et se mettait discrètement des saucissons dans les poches. Moi, bien sûr, j'étais trop petite pour comprendre ce qui se passait, même si j'avais entendu un jour qu'il était question d'aller

« sauter madame Ratzou ». L'expression ne faisait pas partie de mon vocabulaire. Intriguée, j'avais fini par interroger ma mère. Elle m'avait répondu :

– Émile fait des câlins à madame Ratzou, parce que monsieur Ratzou ne peut pas du tout en faire à sa femme.

Comment ma mère pouvait-elle accepter si facilement ce genre de situation ? En tout cas c'était ça, Émile Louis et son charmant copain ! Entre eux, quand il n'était pas question de chapardages ou de sexe, ils parlaient d'argent. L'ancien d'Algérie avait des moyens bien supérieurs aux nôtres. La différence de mode de vie était flagrante... Et elle exacerbait la frustration d'Émile. Une autre façon de l'humilier. Le sinistre boiteux se servait de sa situation quelque peu privilégiée pour rabaisser Émile et critiquer notre famille. Sans arrêt des réflexions, sur un ton narquois :

– Votre père, c'est un bon à rien ! Votre père, c'est un con ! Regardez ce qu'on mange chez moi et regardez ce que vous mangez !

Dégoûtant personnage...

Un été, l'ancien d'Algérie nous a emmenés en vacances sur la Côte d'Azur, mon frère et moi. Émile nous a rejoints, par le train, gratuitement, puisqu'il était encore cheminot. C'était la première fois depuis bien longtemps qu'il quittait l'Yonne. Pour lui comme pour tous les pauvres gens, à l'époque, la Côte d'Azur avait quelque chose de magique. Une sorte de paradis sur terre. Émile s'était fait beau pour voyager, endossant le seul costume qu'il possédait. Un costume sombre épais... alors qu'il faisait une chaleur à crever. Bien sûr, à l'arrivée, le délicieux boiteux ne s'est pas privé de ridiculiser son copain. Je me souviens qu'alors le visage de mon père s'est décomposé. Il était vexé, humilié... Moi aussi. J'ai eu mal pour lui.

Je sais mieux que personne qui est Émile Louis et je n'ai aucune indulgence à son égard. C'est un tortionnaire. Sa dérive est criminelle. Je le tiens pour un homme responsable de ses actes. Mais je ne tolère toujours pas que l'on se moque de lui ou que l'on colporte des ragots sur son compte. Pourquoi en rajouter ? Pourquoi le ridiculiser ? Il a commis le pire. Noircir le tableau ne sert à rien, sinon à embrouiller l'affaire, à l'obscurcir.

Hélas ! ce n'est pas un monstre, mais un être humain. Il est de la même espèce que nous tous. Si étrange que cela puisse paraître, il a souvent su se montrer serviable et généreux, même si ce n'était pas l'aspect le plus marquant de sa nature. Sans doute le faisait-il pour apparaître sous un jour favorable. Et puis, il ne savait pas dire non aux gens qu'il croyait supérieurs. Il est même possible qu'il ait cherché à tirer bénéfice d'eux, ne serait-ce que pour assouvir un besoin de considération. Somme toute, c'est légitime. Ce que je supportais le moins, quand j'étais enfant, c'était de voir son entourage de malfaisants le monter contre maman, juste pour le plaisir de semer la zizanie dans leur couple. Des choses dans le genre :

– T'as vu ta femme ! Elle te fait rien à bouffer, et puis c'est dégueulasse !

Ces petites phrases assassines avaient sur lui le même effet que l'alcool sur un ivrogne qui aurait le vin mauvais. Alors que maman était plutôt bonne cuisinière – je n'ai jamais fait la grimace devant mon assiette –, quand il avait entendu ces vacheries, Émile rentrait à la maison fou furieux et il s'en prenait à sa femme. Après avoir été humilié, il humiliait à son tour.

– T'es qu'une bonne à rien ! Tu m'fais rien de bon à bouffer !

Parfois les coups succédaient aux cris... Dans ces moments-là, j'ai éprouvé la tragique et douloureuse impuissance muette de l'enfant face au combat des adultes. Enfant otage, mais enfant lucide. Et je soutiens que ce climat a contribué à faire d'Émile Louis ce qu'il est devenu. C'était un faible, incapable de rompre avec ces gens odieux qui lui voulaient du mal et en faisaient à toute sa famille. Eux, peut-être jouaient-ils avec Émile. Mais les dés étaient pipés. Émile ne savait pas jouer.

– 5 –

LE MARTINET NEUF DE NOS JOYEUX NOËLS

Pourquoi avons-nous déménagé en 1964 ? J'ai vaguement entendu parler d'une affaire dans laquelle Émile aurait trempé. Laquelle ? Je l'ignore.

Nous nous sommes installés fin novembre à Saint-Florentin. C'était presque un retour aux sources, puisque nous remontions au nord du département, au-dessus de Rouvray et de Pontigny. Comme Émile travaillait toujours à la SNCF, on nous a attribué un appartement neuf, moderne, dont nous étions les premiers locataires. Confort suprême : une vraie salle de bains ! C'était rare, dans les années soixante. Au début, tout s'est bien passé et nous avons eu l'impression – maman surtout – de repartir de zéro. L'ambiance était légère, presque agréable.

J'ai changé d'école. Je me souviens encore des regards des élèves quand je suis arrivée en fin de trimestre dans ma classe. Ils découvraient « la nouvelle ». Je portais des nattes...

À la maison, comme j'étais l'aînée, j'avais des responsabilités vis-à-vis de mes frères et sœur. Et puis, j'aidais maman du mieux que je pouvais, en veillant à ce qu'elle ne se fatigue pas trop. Nous n'étions pas riches, mais nous ne manquions de rien. Nous mangions à notre faim et nous portions des vêtements convenables ; notre mère savait faire du neuf avec du vieux. Émile a profité de ses loisirs pour passer son permis de conduire. En attendant d'être en mesure de s'offrir sa première voiture, il s'est acheté un vélomoteur neuf. Il en était fier, comme un gamin !

Nous avons à peine eu le temps de nous installer... Noël est arrivé. Trêve bénie, qui a prolongé de quelques jours l'illusion d'une nouvelle vie, paisible. Et pourquoi pas du bonheur. Jamais nous n'avons passé un mauvais Noël. Pour Émile c'était un événement très important, des instants magiques, une source de joie incomparable. Au point que dès le 26 décembre il se mettait à parler du Noël de l'année suivante.

C'était le seul moment, la veille et le jour même de Noël, où nous avions un papa comme nous aurions voulu qu'il fût tout le temps, quelqu'un de merveilleux. Lui qui ne faisait d'ordinaire jamais rien à la maison s'occupait de tout avec amour. Moi-même, aujourd'hui, je n'en fais pas autant pour mes propres enfants. Émile prenait du plaisir à choisir et acheter nos jouets. Le repas du réveillon était aussi son affaire, sauf la bûche que préparait maman. Il rapportait les huîtres, les escargots, le boudin blanc, la dinde ou le chapon. Ce jour-là, ce jour-là seulement, il était content parce que sa « moumoune », comme il l'appelait, lui avait fabriqué le dessert qu'il aimait. Trois cent soixante-quatre jours par an, il critiquait ses repas. Jamais à Noël !

Émile nous emmenait à la messe de minuit. À cette époque où chaque paroisse avait encore son curé, la messe commençait vraiment à minuit, donnant tout son sens à la tradition de la Nativité. À chaque fois, Émile nous racontait l'histoire de la fuite en Égypte, Hérode et le recensement, Bethléem et l'étable, et terminait solennellement par ces paroles : « Maintenant, le Petit Jésus est né ! » Nous l'écoutions avec beaucoup d'attention – un peu moins vers quatorze ou quinze ans – dans une sorte de complicité qui nous permettait d'oublier, pour quelques heures, les mauvais traitements des jours ordinaires. Émile se métamorphosait. Il devenait réellement un autre homme, avec une gentillesse dont il était incapable le reste du temps.

Le martinet mis à part. Aucun d'entre nous n'a sans doute oublié le martinet ! Émile était un adepte fervent de cet instrument de flagellation pour ses enfants. Il n'oubliait jamais d'en glisser un, tout neuf, au milieu de nos cadeaux de Noël. C'était « pour rire », bien sûr. Mais surtout pour servir. Nous redoutions le martinet, surtout lorsque le bout des lanières s'ornait de petits grelots. Avec mon frère, après chaque raclée, nous arrachions une lanière. Quand Émile s'en apercevait, il en rachetait un aussitôt. Il voulait toujours avoir sous la main un outil en bon état de fonctionnement. Et le martinet fonctionnait souvent !

Car dès le 26 au matin, tout recommençait, à croire que nous avions été le jouet d'une illusion collective. Seuls les cadeaux prouvaient que nous n'avions pas rêvé. Et le martinet neuf...

*
**

Jusqu'en mars 1965, ce fut à peu près supportable. Mais nous étions rarement tranquilles plus de six mois : au printemps, grand-mère est venue habiter à la maison et ç'a été l'enfer. Je ne crois pas me souvenir qu'en dix-neuf ans nous ayons jamais connu une année sans héberger un parasite. Mais, elle, elle a battu tous les records. Elle s'y entendait pour mettre la zizanie !

Pour commencer, elle a exigé une chambre à elle. C'était impossible, l'appartement en comportait trois, une pour les parents, une pour les garçons, une pour les filles. Pas question de mettre les quatre enfants, filles et garçons, ensemble dans la même pièce. Il a donc été décidé que nous, les filles, partagerions notre chambre avec grand-mère. Comme elle dormait dans un lit à deux places – une obligation puisqu'elle pesait alors plus de cent dix kilos –, ma sœur et moi avons dû nous serrer dans un lit d'un mètre vingt de largeur. Et puis grand-mère était sale. Très sale. Pour nous qui avions été habitués à une hygiène stricte, c'était insupportable. Ma sœur et moi avons vécu son irruption dans notre univers comme un cataclysme.

Grand-mère était encore jeune à l'époque : cinquante-deux ans. Mais son obésité était un handicap. Et un prétexte pour ne pas travailler, car, pour parler franchement, elle était paresseuse comme une couleuvre. Maman l'invitait à chercher un emploi, mais grand-mère se débrouillait pour expliquer que c'était voué à l'échec. Elle aurait pu, au moins, s'occuper de nous, les enfants, nous garder, nous sortir... Non ! Elle ne faisait rien de rien. Elle ne se fatiguait même pas à nous raconter des histoires d'autrefois, comme les autres grands-parents.

Heureusement, pour que nous comprenions un peu d'où nous venions, maman a pris le temps de nous parler de la Seconde Guerre mondiale. Beaucoup d'anecdotes. Les Allemands qui cherchaient un maquisard étaient venus dans le village et ils avaient vidé les maisons de leurs habitants pour les réunir sur la place de l'église, les hommes d'un côté, les femmes et les enfants de l'autre. Une journée entière sous la garde de soldats en armes, sans bouger, ni boire, ni manger, ni aller aux toilettes. Finalement, le maquisard avait été capturé. Dénoncé, sans doute... Maman avait aussi reçu un éclat d'obus pendant un bombardement, une toute petite blessure, mais je frissonnais quand elle me montrait la cicatrice. Elle avait en outre attrapé la gale, que l'on soignait à l'hôpital avec des bains de soufre. Un jour, elle avait refusé d'y aller... Et l'hôpital avait été bombardé, à l'heure où elle aurait dû s'y trouver. « C'est la seule fois où maman – ta grand-mère – a eu un geste tendre avec moi, me racontait-elle. Elle m'a gardé dans ses bras... Si tu savais comme je me suis accrochée à sa main ! »

La tendresse n'était pas le fort de grand-mère, c'est le moins qu'on puisse dire. Elle n'avait rien d'agréable ni de rassurant pour personne. C'était un (gros) boulet que nous tirions avec peine et sans envie. Émile l'appelait « la vieille vache », allusion à sa violence naturelle. Mais il ne l'affublait de ce sobriquet que dans son dos.

Elle nous gênait, nous embêtait, en toutes circonstances. Même en voiture, à cause d'elle, nous étions serrés comme des sardines. Émile avait fini par acheter une 4-CV Renault dont nous étions fiers... Mais c'était vraiment une toute petite auto. L'imposante mamie ne pouvait trouver place qu'à l'avant du véhicule et nous devions nous entasser à l'arrière tous les cinq, maman avec les quatre enfants... L'année suivante, la 4-CV a été remplacée par une Dauphine, plus spacieuse... à l'avant. Seule grand-mère a bénéficié d'un meilleur confort. À l'arrière : même punition !

Mais le plus pénible, c'était sa saleté. Sa méchante odeur, pire que sa brutalité. Nous, les enfants, la fuyions comme la peste. Lorsque mon frère et mon cousin entraient dans une pièce, ils reniflaient les chaises avant d'en choisir une.

– On ne veut pas de celle où grand-mère s'est assise ! disaient-ils avec dégoût.

Gare à eux quand elle les entendait, car elle avait l'oreille fine. Les garçons prenaient le risque d'une formidable dégelée. Et moi, je redoutais plus que tout la fête des rois. Ma hantise : avoir la fève de la galette, être couronnée reine... et devoir embrasser grand-mère !

– Mais pourquoi ne voulais-tu pas que ta mamie t'embrasse ? m'a demandé un jour ma propre petite fille, à qui je racontais cette histoire.

– Parce qu'il lui manquait des dents. Et son odeur me soulevait le cœur.

– Quand tu avais la fève, qu'est-ce que tu faisais ?

– Je l'avalais, lui ai-je répondu en me remémorant la difficulté que j'avais à y parvenir sans qu'on s'en aperçoive.

Trois ans de suite, j'ai eu la fève et je l'ai avalée. Émile a même enguirlandé le pâtissier qui s'est défendu en expliquant que nous étions la seule famille à se plaindre de n'avoir pas la fève dans sa galette. Alors, l'année suivante, je me suis arrangée pour donner discrètement la fève à ma sœur, qui voulait la couronne.

Il nous était déjà difficile de supporter grand-mère, mais il fallait aussi accueillir « grand-père », le deuxième mari, quand il sortait de l'hôpital psychiatrique. Il n'était pas fou, au contraire. Un sacré malin ! Il souffrait soi-disant de la maladie de la persécution, ce qui, naturellement, l'empêchait de travailler. Lui aussi !

– Tu ne trouves pas drôle qu'à chaque fois que tu lui parles d'un emploi il tombe malade ? ai-je demandé un jour à maman. Tu sais, quand il va tout seul au café rejoindre ses copains, il oublie de regarder derrière lui sans arrêt comme il le fait quand il est avec nous.

Sa réponse est arrivée comme une gifle :

– Non, mais de quoi je m'occupe !

– Eh bien, si grand-père est vraiment malade, il ne faut pas le laisser seul dans la rue.

Cette fois, j'ai eu la gifle, la vraie.

Finalement, grand-père, « ancien gendarme », est parti s'occuper d'un petit vignoble, propriété de l'hôpital qui l'accueillait régulièrement.

Grand-mère, grand-père... Il ne manquait plus que l'oncle Gédéon, le frère cadet de maman. Un jour, il a écrit pour demander de l'aide à ma mère. J'ai jeté un coup d'œil à l'enveloppe.

– Tiens, il écrit de Paris... Rue de la Santé...

– Oui, il est malade en ce moment, a dit maman.

– Écoute, je ne suis pas stupide. Tout le monde sait que la Santé, à Paris, ce n'est pas un hôpital !

Tonton Gédéon était en prison, pour grivèlerie. Lamentable histoire. Il était allé au restaurant avec des copains. Au moment de l'addition, les copains étaient tous partis aux toilettes. Ils n'étaient jamais revenus. Gédéon s'était fait prendre. Maman a dû l'aider matériellement et sans doute payer la note du restaurant. Ensuite, elle lui a trouvé du travail à Chailley, à une dizaine de kilomètres de Saint-Florentin.

*
**

Pendant que ma mère faisait face aux charges que lui imposait sa famille, Émile poursuivait sa dérive. Il avait participé à la création d'une maison des jeunes locale, en qualité de membre actif d'une association catholique. Mais, très vite, on lui a reproché d'être grossier, d'avoir des gestes déplacés. Il était incapable de se tenir tranquille très longtemps. Dès que les gens se montraient sympathiques, il abusait de leur bonté. Il ne se contrôlait plus, adoptait un langage vulgaire, devenait familier. Ses liens amicaux avec le curé de la paroisse – aujourd'hui défroqué – ne lui ont pas sauvé la mise. Il a dû s'éloigner de la maison des jeunes.

Dès lors, Émile n'a plus fait mystère de ses relations extraconjugales. Il s'est mis à mentir de façon éhontée, ne cherchant même plus à donner des versions cohérentes de ses virées et de ses frasques. Il s'affichait à l'extérieur avec des femmes ou des filles assez jeunes. Émile Louis avait un besoin maladif de séduire. Il faisait d'ailleurs des cadeaux à celles qu'il convoitait. Rien d'extravagant bien sûr, ses moyens ne le lui permettaient pas. Juste des invitations au restaurant, des chemises de nuit, de la lingerie, un caramel...

Un jour il a ramené une gamine chez nous. Officiellement pour qu'elle tienne la maison, car maman avait repris un travail en usine et nous hébergions alors grand-mère et Gédéon. Notre « bonne » s'appelait Christine. Selon Émile, elle lui avait été confiée par le juge pour enfants. Or il n'y avait pas de juge pour enfants à Saint-Florentin et les placements ne se décident pas comme ça... Christine venait d'une famille nombreuse assez misérable, avec des parents alcooliques. Un schéma malheureusement classique pour beaucoup d'enfants de la DASS. Au début, Émile l'a encensée. À l'entendre, elle avait toutes les qualités, alors qu'elle ne savait rien faire de ses dix doigts. Mais elle semblait absolument soumise à notre père, ce qui lui valait cette indulgence suspecte... jusqu'à ce qu'Émile se rende compte que Gédéon fricotait aussi avec elle. Il avait alors seize ou dix-sept ans, le même âge que Christine. Du jour au lendemain, Émile n'eut plus qu'une idée : se débarrasser de cette « bonne à rien complètement abrutie ». Ce genre de revirement brutal a toujours été l'indicateur, chez lui, de la fin d'une liaison. Émile s'est empressé de trouver un emploi de serveuse à la gamine, dans un restaurant de Malay-le-Petit, près de Sens. Un bourg dont on entendra parler, beaucoup plus tard, dans l'affaire des disparues de l'Yonne. L'une des victimes aurait travaillé dans le restaurant où servait Christine. Émile se vantait parfois d'en être le propriétaire. C'était faux, bien entendu. D'après les rumeurs, l'établissement était à l'époque un boui-boui plus ou moins borgne où les serveuses couchaient avec les routiers. Quoi qu'il en soit, Émile n'avait pas mis notre mère au courant du départ de Christine. Maman s'est donc inquiétée. Christine nous avait quittés du jour au lendemain et ne donnait plus de nouvelles.

– On ne sait même pas où elle est, ce n'est pas normal !

Émile a répliqué :

– Elle est à Chailley, avec un Arabe.

Pour Émile, « l'Arabe » était la cause de tous les maux. Ce genre de remarque raciste revenait comme un leitmotiv. Mais là, c'était peut-être vrai. J'apprendrai plus tard que Christine a effectivement été l'épouse d'un Arabe.

En 1968, quelques mois avant ma communion, après « la petite bonne » nous avons eu « la femme de l'ingénieur ». Elle avait un œil de verre, une jambe plus courte que l'autre... Et le mari de cette boiteuse n'avait jamais été ingénieur. Il n'a d'ailleurs jamais existé non plus. Cette fois, ma mère a pensé au divorce. Si elle avait été au bout de sa démarche, de bien cruelles et inutiles souffrances nous auraient été épargnées...

Selon Émile, sa rencontre avec la femme de l'ingénieur aurait eu lieu lors du sauvetage de son jeune fils. Le sauveur, bien sûr, c'était lui ! Il l'aurait saisi sur une voie de chemin de fer juste avant qu'un train ne passe et ne l'écrase. Quand on connaît la « bravoure » d'Émile, on comprend tout de suite que cette version des faits est parfaitement fantaisiste. Un mensonge de plus. Que s'est-il passé en vérité ? Nul ne le sait. Toujours est-il que cet incident a été le point de départ d'une nouvelle liaison. Si sérieuse qu'Émile s'est carrément installé avec la femme de l'ingénieur dans un petit appartement à Turny, un village voisin du nôtre.

Cette employée d'une librairie de Saint-Florentin a cru sincèrement avoir rencontré l'homme de sa vie. Mais elle a bientôt découvert la véritable personnalité de son héros, si bien qu'elle est partie. Des années plus tard, nous avons appris qu'elle s'était installée en région parisienne puis à Lyon. Quand elle a été entendue par les gendarmes, la femme de l'ingénieur a affirmé qu'Émile Louis ne s'était pas livré à des actes de barbarie sur elle... Mais elle a dit qu'il lui était arrivé de se réveiller en se sentant bizarre et de souffrir de douleurs au ventre, comme maman. Il est probable qu'elle aussi était droguée à son insu. Elle a eu raison de fuir.

Ces deux événements m'ont troublée, parce qu'ils ont rendu maman malheureuse et que j'ai eu peur pour Christine et pour la femme de l'ingénieur. Mais ils ne m'ont pas bouleversée, parce que j'avais en moi une peur bien plus forte. Elle prenait toute la place dans mon esprit. Une peur qui durait depuis deux ans déjà. Une partie de moi était morte, vingt-quatre mois plus tôt, dans le petit bois de Saint-Florentin...

– 6 –

LA MORT AU FOND DES BOIS...

La lumière baisse, le jour descend. Une vilaine petite pluie toute fine tombe sur la ville. Sur la banquette arrière de la Dauphine, mes frères, ma sœur et moi nous serrons les uns contre les autres. Émile est au volant, il nous ramène à la maison. D'où venons-nous ? Je l'ai oublié. Quel jour, quel mois sommes-nous ? J'ai oublié. Mais nous nous dirigeons vers le centre ville. À côté de moi, les deux petits s'amusent, observent les piétons, font avec leurs doigts des dessins abstraits sur la vitre embuée. Philippe, l'aîné des garçons, est silencieux. Toujours aussi perturbé, passant de la mélancolie à la fureur en un clin d'œil. Je me demande s'il a eu, comme moi, à pâtir des tendances incestueuses et perverses d'Émile. Maman le protège, mais il est tout de même l'objet du harcèlement permanent de notre père. Pire que moi ! Philippe est le bouc émissaire favori d'Émile. Comment savoir s'il a subi quelque chose ? Je n'ai pas parlé à ma mère de ce qui s'est passé le jour de son accouchement, je ne peux pas lui parler de mon frère, ni même inciter Philippe à me faire des confidences... C'est à cela que je pense, ce soir-là, pendant qu'Émile conduit.

Nous arrivons sur une place, en plein centre ville. Émile freine, immobilise le véhicule au bord du trottoir et ouvre la portière... pour faire monter une jeune femme ! À l'évidence, ils ont pris rendez-vous ; elle ne fait pas d'auto-stop. D'ailleurs, très vite, aux regards et aux paroles qu'ils échangent, je comprends qu'ils se connaissent. Cette fille qui ne prend même pas la peine de se tourner vers nous pour nous dire bonjour, je ne l'ai jamais vue. Je distingue à peine son visage. Elle porte un vêtement à capuche et, en dessous, un foulard couvre ses cheveux. Je serais incapable de dire si elle est brune ou blonde. Elle est jeune, mais ce n'est pas une enfant. Elle doit avoir vingt ans, ou un peu plus. Émile ne l'appelle pas par son prénom. Inconnue et anonyme... Mais c'est une maîtresse de mon père, j'en suis sûre. En fait, si elle ne nous regarde pas, c'est sans doute parce qu'elle n'ose pas le faire. Elle a honte, peut-être.

– Je ramène la dame chez elle, dit soudain Émile à mon intention. C'est pas loin, à quelques kilomètres d'ici.

Je le crois et je ne prête plus attention à cette fille. Nous parcourons quelques kilomètres en direction de Venizy. Et nous nous arrêtons à la lisière du bois de Saint-Florentin. Il fait presque nuit. Émile coupe le contact.

– Attendez-moi là, dit-il. Je l'accompagne pour pas qu'il lui arrive quelque chose.

Il ajoute que la dame habite à proximité, derrière les arbres et que son absence ne sera pas longue. Il sort de la voiture. La passagère descend à son tour, claque la portière et s'éloigne sans se retourner. Toute ma vie je me souviendrai de cette silhouette qui suit mon père... Émile ne la tient pas, ne la pousse pas, ne la tire pas. Elle le suit spontanément. Elle lui tend même la main pour qu'il l'aide à descendre le talus. Et puis ils entrent ensemble dans le sous-bois. Je les perds de vue.

Les deux petits se mettent à pleurer. Mais ça ne dure pas. Ils s'endorment. Philippe ne dit rien. Lui ne s'est pas assoupi, mais il ne bouge pas. Pendant quelques minutes les grincements du moteur qui refroidit dominent le bruit des respirations. Et puis plus rien. Le silence... Il fait nuit à présent. Nuit noire. Je perds la notion du temps. Et, subitement, l'inquiétude me gagne. Une crainte irraisonnée : j'ai le sentiment qu'il est arrivé quelque chose à mon père. Le temps passe et la peur grandit... Et puis je n'y tiens plus. Il faut que j'aille voir ! Rien ne pourrait m'en empêcher. Je sors de la voiture. Dans l'obscurité, je ne trouve pas le chemin par lequel j'ai vu le couple disparaître. Tant pis, je descends ce que j'ai pris pour un talus et qui se révèle être un plan incliné bétonné, au bas duquel coule l'eau d'un collecteur à ciel ouvert. Sans hésiter, je pénètre à mon tour dans le sous-bois.

Dans le noir, tout paraît différent, je perds la notion des distances, mais, curieusement, je n'ai plus peur. Je marche à l'aveuglette, pas bien longtemps. Soudain, j'aperçois une lueur vers laquelle je me dirige, pensant qu'il s'agit d'une fenêtre éclairée. Peut-être celle de la maison de la fille. Mais je me rends vite compte qu'il n'y a pas de maison, seulement deux grosses lampes, comme on en utilise sur les voies à la SNCF. Elles éclairent bien. Et ce que je découvre me frappe de stupeur. Une scène de film d'épouvante ! Émile tient un couteau face à la fille qui était dans notre voiture. Elle est nue, immobile, attachée les bras en croix à un arbre. Je ne distingue toujours pas son visage... À cet instant précis, Émile plante son couteau dans le corps de la fille et l'éventre ! C'est une image de cauchemar, si sauvage, si abominable que j'ai l'impression d'avoir été propulsée hors de la réalité pour pénétrer dans un autre univers, irréel. Autour de moi, le monde explose. Et je reste pétrifiée...

Émile se tourne brusquement vers moi. Je ne me suis pas approchée en catimini, j'ai fait du bruit en marchant. Il a dû m'entendre. Je suis glacée d'effroi et je reste figée, hébétée. Je regarde mon père, son visage, ses traits familiers qui me rassurent et me terrifient à la fois. Et puis, j'entends sa voix. Je ne capte qu'une seule phrase qui va résonner dans ma tête jusqu'à la fin de mes jours :

– Si tu parles, si tu dis un seul mot de ce que tu as vu, j'en fais autant à ta mère !

C'est tout. Le reste est flou. Je ne sais plus exactement ce qui se passe, du moins pas précisément. C'est enfoui quelque part dans mon inconscient et c'est verrouillé. Je n'y ai pas accès. Que fait-il du corps, où met-il les lampes, comment retournons-nous à la voiture, comment rentrons-nous à la maison, que dit-il à maman ? Rien n'est clair. Je ne sais pas si je pleure, si je dîne, si je dors, si je suis allée à l'école le lendemain, comment je me comporte les jours suivants... Rien ! Le trou noir.

*
**

Depuis ce jour, il ne se passe pas une semaine sans que cette scène atroce ne me revienne en mémoire. Des milliers et des milliers de fois je l'ai vue défiler devant mes yeux, sans la comprendre tout à fait et encore moins l'expliquer. J'essaie pourtant de fabriquer une version cohérente des événements. Je sais que cette jeune femme a suivi Émile de son plein gré et j'ai le sentiment qu'elle connaissait les lieux. Je suis certaine que les lampes se trouvaient sur place, car je peux attester qu'Émile n'a rien sorti de l'habitacle de la voiture et qu'il n'a pas ouvert le coffre – la malle de la Dauphine était située à l'avant et le moteur à l'arrière, il n'aurait pas pu l'ouvrir sans que je m'en rende compte, d'autant que le capot basculait vers l'avant. Pour moi, il est clair qu'il a agi avec préméditation, qu'il a préparé sa victime, qu'il l'a mise en confiance, peut-être en l'emmenant à plusieurs reprises dans ce sous-bois. Peut-être Émile y avait-il construit une petite cabane. Je ne l'ai pas vue, mais ça ne veut pas dire qu'elle n'existait pas. Je ne peux pas croire qu'on laisse des lampes comme ça, au milieu d'un bois. Il fallait bien qu'elles soient rangées quelque part, ces lampes. Ce sont à mon sens les seules pistes possibles. Je suis convaincue qu'Émile ne se serait pas attaqué à une jeune fille ayant une famille. À la rigueur il aurait couché avec elle, il l'aurait probablement endormie, comme la femme de l'ingénieur, pour faire ses horreurs, mais pas plus. Il aurait eu trop peur qu'on signale sa disparition, qu'on la recherche. Il ne voulait surtout pas être la « dernière personne à l'avoir vue vivante ».

Il me reste tant de questions... Qui était cette jeune femme ? D'où venait-elle ? Était-ce une enfant de la DASS ? Quand ces filles sans attaches partaient travailler à Paris, il arrivait qu'elles ne donnent aucune nouvelle à quiconque. Comme elles n'étaient pas mineures, personne ne se posait de questions. Parfois elles revenaient, un ou deux ans plus tard. Était-ce une fille complètement paumée qu'Émile Louis aurait trouvée à la gare et à qui il aurait proposé de l'aide ? L'aurait-il hébergée dans cette hypothétique cabane, « nid d'amour » où il aurait conduit ses maîtresses ?

Je pense qu'il l'a droguée pour se livrer sur elle à ses perversions, et qu'à un moment il s'est produit quelque chose dans sa tête, un déclic horrible. Et il a basculé. Seul Émile, s'il acceptait de parler, pourrait expliquer ce qui s'est passé précisément ce soir-là. Il pourrait aussi dire où il a enfoui le cadavre. Peut-être y est-il encore.

Je me demanderai toujours pourquoi il nous a emmenés avec lui ce soir-là. Pourquoi n'a-t-il pas changé ses plans ? Et puis ai-je vraiment été le seul témoin, sinon du meurtre, du moins de ce qui s'est nécessairement passé après ? Ce n'est pas parce que je ne me souviens de rien que nous avons été transportés d'un coup de baguette magique à la maison. Quoi qu'Émile ait fait ensuite, cela a pris du temps. Les petits dormaient, mais pas mon frère Philippe. En sortant de la voiture, j'ai fait du bruit. En fermant la portière, j'ai fait du bruit. Même s'il s'était assoupi, je l'aurais réveillé. Il était d'un tempérament si nerveux qu'il ne parvenait jamais à s'endormir avant minuit ou 1 heure du matin. Se pourrait-il qu'il m'ait suivie à distance ? Il ne m'a jamais rien dit des événements de ce soir-là.

Émile non plus ne m'a jamais reparlé de meurtre, mais je gardais en tête sa menace : « Si tu parles, j'en fais autant à ta mère. »

Et je subissais ses atrocités. Car dès lors, il s'est déchaîné. Il prenait plaisir à torturer mes poupées. En rentrant, je les retrouvais pendues et lacérées à coups de lame de rasoir. Il nous imposait le jeu du « boucher », nous étions le cochon et lui le boucher. Il nous obligeait à fuir à quatre pattes et il nous poursuivait, faisant mine d'avoir un couteau à la main, pour nous attraper, nous égorger et nous découper. Quand il nous saisissait, il tirait de toutes ses forces sur nos bras et nos jambes comme s'il essayait de nous démembrer. Ça faisait un mal atroce ! Quotidiennement il nous pinçait – parfois jusqu'au sang – quand il ne nous tirait pas les petits cheveux à la base de la nuque d'un coup sec... Après ce que j'avais vu, je ne prenais plus ces pratiques pour des jeux. C'étaient des simulacres de torture à peine déguisés.

Bientôt, il m'a infligé une variante du supplice de la baignoire en me plongeant la tête dans un lavabo empli d'eau jusqu'à ce que je suffoque. Je paniquais, buvais la tasse à chaque fois. Quand il me laissait respirer, quand je hoquetais et crachais, il hurlait :

– Alors, la résistante ?

C'est tout juste s'il n'ajoutait pas : « Tu vas parler ! », comme les tortionnaires de la Gestapo dont il s'inspirait.

Ce que je redoutais par-dessus tout, c'était le supplice de la fumée. Je n'ai jamais pu supporter celle de la cigarette. Émile fumait partout, même au lit. Il m'entraînait de force dans la cuisine, me faisait asseoir les mains liées dans le dos et il me soufflait la fumée au visage jusqu'à ce que je sois au bord de l'évanouissement...

*
**

Comment une gamine de onze ans pourrait-elle garder longtemps pour elle seule le secret d'un meurtre commis par son propre père ? Au bout de quelques mois, je me suis confiée à maman. Elle m'a écoutée attentivement, avec gravité, sans faire de commentaires. À aucun moment elle ne s'est insurgée. Je ne l'ai pas entendue s'écrier : « Mais qu'est-ce que tu racontes ? Ce n'est pas vrai ! C'est impossible ! Inimaginable ! Ton esprit t'a joué des tours ou bien tu mens ! » Non... Lorsque j'en ai eu terminé, elle a simplement dit :

– Promets-moi, surtout, que tu ne diras rien... Tu veux que l'Assistance vienne chercher tes frères et sœur, et que nous soyons séparés ? Je te crois, même quand tu dis qu'il dansait comme un Indien, il l'a fait avec moi. Mais je dirai que tu mens, pour tes frères.

(Mes frères, encore mes frères... et ma sœur, elle ne comptait donc pas ?)

– Mais pourquoi irait-on à l'Assistance ?

– Parce qu'Émile s'arrangerait pour me faire interner en disant que j'ai raconté des bêtises. Et toi aussi. Comme ça, il y aurait quatre malheureux au lieu d'une... C'est ça que tu veux ?

Comment a-t-elle pu me culpabiliser ainsi ? Je suis retombée dans les abîmes terrifiants du silence et de la honte. Maman et moi n'avons de nouveau évoqué ce drame que quelques mois avant sa mort, en novembre 1999. Elle m'a dit :

– Tu pourras parler quand je serai morte, mais pas avant !

– Pourquoi, aujourd'hui tu n'as plus peur pour tes enfants ?

– Parce que je ne serai plus là pour voir ça... De toute façon, tu leur expliqueras tout !

Expliquer à mes frères et sœur ? À la famille ? Comment expliquer quelque chose à des gens qui ne veulent rien entendre, rien savoir ? Qui craignent que leur vie quotidienne en soit chamboulée ? En fin de compte, ils m'ont reproché d'avoir parlé aux journalistes et à la police. Je n'ai reçu qu'une réponse, toujours la même : « Ces choses-là, ça doit rester en famille ! » La vieille rengaine...

J'ai du mal à admettre que mes frères et sœur prétendent n'avoir rien vu ni entendu des sévices que m'infligeait Émile. Maman était au travail, mais eux, à la maison. Et grand-mère ! Elle a vu Émile me maintenir la tête sous l'eau sans rien dire ! Elle avait assez de force pour arrêter son gendre, et il la craignait... À cause de ces mauvais traitements je souffre aujourd'hui d'une déficience respiratoire sérieuse par altération grave des bronches et, accessoirement, d'une phobie de l'eau. Depuis 1977, je suis traitée régulièrement en milieu hospitalier pour de sévères troubles de la respiration.

*
**

D'un certain point de vue, moi aussi j'ai fermé les yeux sur tout, pendant des années et des années, mais contrainte et forcée. En toute bonne foi j'ai tenu la promesse faite à ma mère. Comment une enfant de onze-douze ans, après l'horreur de ce qu'elle avait vécu, aurait-elle pu se sentir libre vis-à-vis des adultes au point de désobéir à sa mère, la seule personne à laquelle elle pouvait se raccrocher ? Et puis il y avait cette menace de mon père : tuer maman si je parlais. Je l'ai prise très au sérieux, cette menace. Il avait encore son couteau ensanglanté à la main, il venait d'éventrer une jeune femme sous mes yeux. Je le savais capable de commettre un meurtre. J'aimais ma mère, même soumise, silencieuse, complice. Je me suis tue. Mais je l'ai payé, le prix de la honte et de la culpabilité ! Elles m'ont collé à l'âme pendant des décennies. J'ai porté seule ce fardeau. Personne ne m'a aidée. Surtout pas la famille.

J'en veux à ceux, comme ma tante Gertrude, qui ont

eu l'audace de me reprocher de parler si tard, après ma déposition chez les gendarmes. Ni elle ni personne n'a jamais levé le petit doigt pour nous soutenir, maman et moi. Ce sont des lâches et des hypocrites.

Ce que je regrette, c'est que les informations que j'ai livrées aux enquêteurs n'ont pas permis de retrouver le corps de cette jeune femme, éventrée par Émile. Les recherches menées dans les villages voisins pour tenter de trouver sa trace sont restées vaines. Avec les années, les pistes s'effacent.

Plus le temps passe, plus je crains qu'on ne puisse jamais rendre justice à cette pauvre victime. J'ai peur qu'elle n'ait laissé aucun souvenir, à personne, sauf à moi. Je me rappellerai toujours sa silhouette encapuchonnée qui suivait mon père dans les bois. Encore vivante...

– 7 –

LE CHÂTELAIN DE VILLEFARGEAU

Déménager, encore ! Émile a décidé de quitter la SNCF et nous avons perdu par là même notre logement. Allez savoir pourquoi il est parti... Il a prétendu qu'on voulait le muter en région parisienne, mais c'était probablement un mensonge. Des rumeurs ont circulé sur une nouvelle affaire obscure à laquelle il aurait été mêlé. Encore une fois, personne n'a su exactement ce qui s'était passé. En tout cas, le secret a été jalousement gardé. Comme toujours...

Bien sûr, Émile s'est désintéressé de la question du nouveau logement. Avec maman, je me suis plongée dans la lecture des petites annonces. Nous avons fini par en trouver une qui pouvait nous tirer durablement d'embarras. On recherchait, pour le château de Villefargeau, près d'Auxerre, un gardien, marié de préférence, car son épouse devrait s'occuper de la cuisine pour les propriétaires, pendant les week-ends. J'ai pris les contacts et mené les négociations, maman ayant la phobie du téléphone. Finalement l'affaire s'est faite et nous sommes partis nous installer au château.

Ce ne fut pas le seul changement dans notre vie : dès le mois de juillet 1969, nous avons accueilli deux enfants, frère et sœur, à la maison. Patrick avait un an et demi et Céline deux mois. Encore une décision d'Émile. Il s'agissait de tirer d'embarras Juliette, la mère des petits. Un dépannage provisoire.

Fille d'un prisonnier allemand, Juliette avait été confiée à l'Assistance. Elle avait eu ses enfants avec des pères différents et habitait une cave ignoble qu'une vieille bonne femme lui louait sans aucune honte. On peut comprendre qu'elle ait voulu un autre environnement pour sa progéniture, d'autant que la première nourrice faisait dormir son fils... dans un placard ! Pourquoi est-elle venue chez nous ? Quels étaient ses rapports exacts avec Émile ? Je l'ignore. Et j'ai longtemps ignoré la façon dont, par la suite, il a traité Céline.

Un jour, maman a annoncé qu'elle quittait elle aussi son travail – Émile l'y incitait depuis longtemps. Elle a donc commencé à s'occuper des petits à plein temps, avant de reprendre des travaux de couture. Au début, Juliette venait voir souvent ses enfants, mais elle a dû espacer ses visites : elle habitait loin et devait parcourir près de quatre-vingts kilomètres sur son vélomoteur pour se rendre chez nous. Finalement, elle a accepté de placer son fils et sa fille à la DDASS, à condition que maman en ait la garde. Ils ont été mis sous tutelle et confiés officiellement au couple Louis. Sacré discernement, n'est-ce pas ? L'Administration sait ce qui est bon pour les enfants...

Pour ma part, j'ai tout de suite considéré Céline comme ma « petite sœur ». J'adorais la voir grandir. Dès que j'avais deux sous, je lui achetais quelque chose, un tee-shirt, un pantalon avec des étoiles et le drapeau américain, n'importe quoi du moment que c'était à la mode. Ça la ravissait. Nous, les grands, nous participions aux travaux des champs pour avoir un peu d'argent de poche, en faisant attention à ce qu'Émile ne nous le pique pas. Nous mettions les pommes de terre en clayette ou nous aidions à la préparation des cornichons. Ainsi pouvions-nous nous offrir quelques babioles, un gadget, un disque... C'était l'époque de C. Jérôme et de tous ces chanteurs qu'adoraient les adolescents. On chantait *Kiss me*, le dernier tube à la mode. Nous découvrions une forme de légèreté, presque une vie « normale ».

En plus de son travail au château, Émile Louis a trouvé un emploi de veilleur de nuit chez un grossiste en fruits et légumes. Il a aussi passé ses permis de conduire poids lourd et transport en commun... Grâce à eux, en 1973, il allait devenir chauffeur du bus scolaire dans lequel, quotidiennement, monteraient certaines des « disparues de l'Yonne »...

Chassez le naturel, il revient au galop, dit-on. Très vite, Émile a eu de nouveau des maîtresses. Il en retrouvait certaines dans les dépendances du château, en toute quiétude. L'une d'elles, Jocelyne, a témoigné, en 1981, quand Émile a été arrêté pour la première fois. Elle était encore petite quand elle avait rencontré Émile Louis, à Saint-Florentin, chez sa grande sœur et son beau-frère, des amis d'Émile. Il l'appelait « bulldozer » parce qu'elle était petite et assez imposante, avec une curieuse démarche, ce qui n'empêcha pas mon père de la séduire. Elle devint par la suite sa maîtresse et leur liaison dura plusieurs années. Elle a expliqué qu'Émile l'avait droguée, au château, dans la chambre des propriétaires, en l'absence de ceux-ci. Ce n'était pas la première fois que ça lui arrivait. Il lui faisait absorber des produits en prétendant qu'il s'agissait de « pilules amaigrissantes ». Les effets décrits ressemblent à ceux du Rohypnol, dont la vente est aujourd'hui strictement réglementée, surnommé « pilule du viol » car il semble annihiler certaines défenses.

Jocelyne était juste enveloppée, mais toutes les autres maîtresses d'Émile souffraient d'un handicap. Dépressives, dans le meilleur des cas. Souvent diminuées physiquement ou atteintes de débilité légère. Il ne fallait pas qu'elles soient trop malignes pour lui plaire. Je suppose qu'il les choisissait ainsi pour s'assurer de leur docilité puis assouvir son besoin de domination. Émile s'intéressait à des femmes en détresse et se proposait de les aider. Il jouait les bons Samaritains et devenait leur amant. Il le restait parfois pendant des années avant de se livrer sur elles à des agressions sexuelles perverses.

À Villefargeau comme ailleurs, Émile ne tenait pas en place. Il avait en permanence besoin de voir des gens, d'être vu, reconnu. Il ne supportait pas la solitude. En fait, il ne devait trouver le repos que dans son enfer, en tête à tête avec une victime droguée qui n'avait plus ses esprits.

Alors que maman semblait s'être définitivement résignée – à seulement trente-cinq ans –, je conservais l'espoir de m'en sortir et la lecture continuait à me servir de refuge. J'aimais le contact avec le livre, l'odeur du papier, le toucher, le bruit des pages que l'on tourne, toute la sensitivité servant d'écrin à l'imaginaire. J'avais lu et relu Hugo,

Dumas, Zola et tous les grands auteurs de la littérature française que l'on met au programme du secondaire... Pour mes quinze ans, ma grand-mère n'a rien trouvé de mieux à m'offrir que... *Bécassine* ! L'une des intentions « charmantes » dont elle avait le secret : selon l'humeur, elle me surnommait volontiers « Bécassine » ou « Babar ».

En 1971, l'année de mes quinze ans, trois autres enfants nous ont été confiés par la DDASS : Jacqueline Weiss et ses deux frères. Nous n'étions plus six enfants à la maison, mais neuf ! C'était beaucoup. C'était trop, d'autant que les « nouveaux » étaient eux aussi en pleine adolescence : l'aîné était né en 1957, le cadet en 1959 et Jacqueline en 1958. Émile s'est aussitôt pris d'affection pour elle. Il n'y en avait plus que pour sa « fifille », sa « quiquine », sa « chouchoute », à tel point que nous, les gamins de la maison, nous nous demandions ce que nous faisions là. Jacqueline, à nos yeux, n'avait pourtant aucune qualité particulière... C'était sans doute ce qui séduisait Émile. Pendant cinq ans, il l'a choyée. Elle l'accompagnait partout et le considérait comme son papa... Drôle de papa ! J'en avais assez de voir ma mère accepter ce petit jeu sans rien dire, sans rien faire. Un jour, j'ai essayé de la secouer :

– Dis donc, tu trouves ça normal que Jacqueline soit toujours fourrée avec Émile ?

Elle m'a fait une réponse désolante, lamentable. Hypocrite et pitoyable :

– Tu sais, ses parents l'ont abandonnée. C'est comme si elle n'avait pas eu de père, alors...

S'il y avait un seul mot de vrai là-dedans, c'était la misère morale et matérielle de Jacqueline. Elle avait effectivement été abandonnée, ainsi que ses frères. Leur grand-mère, tenancière d'un débit de boisson, les avait recueillis. Quand cette dernière était morte, les parents n'avaient pas réclamé leurs enfants... Bon sang ! Le pays dans lequel nous vivons est encore celui de Zola, de Hugo, de *L'Assommoir* et des *Misérables* !

Jacqueline Weiss a disparu le 4 avril 1977, dans des circonstances sur lesquelles je reviendrai. Après vingt-trois ans de silence, le 12 décembre 2000, Émile Louis a avoué sept meurtres, dont celui de Jacqueline – avant de se rétracter. Le squelette de la jeune femme a été retrouvé quelques jours plus tard. Il a été formellement identifié le 13 avril 2001.

– 8 –

LE MARI QU'ÉMILE M'A CHOISI

Une fois, une fois seulement, maman et Émile se sont mis d'accord. Sur mon dos. Je n'ai jamais su ni comment, ni pourquoi, mais ils ont décidé de mon avenir. Ils m'ont trouvé un mari, sans m'en parler et sans me consulter... Je n'avais que seize ans !

Un jour, le gérant du bistrot de la gare a téléphoné à la maison.

– C'est bien vous qui attendez monsieur « X » ?

– Oui, a répondu Émile Louis. Et alors ?

– Alors venez le chercher avant que j'appelle les flics !

– Pourquoi ?

– Parce qu'il est saoul comme une bourrique, et il commence à tout casser dans le bar !

« Il », c'était Albert, un Malgache de vingt-deux ans, militaire engagé au Génie de l'Air stationné à Toul. Il était en train d'arroser sa permission avant de venir s'installer chez nous. D'où sortait-il ? Pourquoi mes parents l'avaient-ils invité ? Je ne l'ai jamais su. En plus, Albert était noir. Quand on connaît le racisme d'Émile Louis, on peut se demander si le fait de choisir pour moi un garçon de type négroïde affirmé ne représentait pas pour lui la pire des punitions.

En ce qui me concerne, je me moquais de la couleur de peau de ce garçon – je ne souffrais pas de la folie xénophobe d'Émile –, mais je ne voulais pas qu'on dispose de moi comme d'un animal à la foire aux bestiaux !

Alors que mes parents refusaient d'habitude que je m'amuse, ils ont commencé à insister lourdement pour que je sorte avec Albert. Maman lui trouvait toutes les qualités : un gars bien, courageux, gentil, prévenant... Le rêve pour une femme normalement constituée... Albert revenait à la maison à chaque permission. Très vite, mes parents lui ont acheté... une voiture ! Une 2-CV ! J'en suis restée sans voix, nous avions sans cesse des difficultés financières...

Et maman en remettait des couches et des couches.

– De toute façon, répétait-elle, aucun autre garçon ne mettra les pieds à la maison !

– Je refuse de me marier avec ça ! Il est ivrogne, il est stupide. Je n'en veux pas !

Un jour, elle n'a pas hésité à employer le plus vicieux des arguments, le plus blessant :

– Ma petite fille, je crois que tu n'as pas bien compris : tu vas te marier avec ce garçon, parce que, avec ton physique, tu ne peux rien espérer d'autre...

Ça fait toujours plaisir à entendre ! Je ressemblais beaucoup à maman, à cette époque, et tout le monde la décrivait comme une très belle femme. Pourquoi essayait-elle de me rabaisser ? Par méchanceté ? Par jalousie ?

J'ai résisté, résisté de toutes mes forces. Mais, finalement, je me suis rendu compte que j'étais piégée. Il aurait fallu que j'aie un peu d'argent pour me sauver, tenir le coup le temps de trouver du travail... Je n'avais pas un sou. Je ne savais pas où aller. Pourtant, il fallait que je m'échappe de cet univers démentiel. Je savais qu'à un moment ou à un autre, si je découvrais qu'Émile s'en prenait aux filles ou aux garçons de la maison – ce qui peut-être s'était déjà produit –, je le dénoncerais. J'attendrais le moment, je profiterais d'une absence de maman, et j'irais à la gendarmerie. Cet état d'esprit me mettait en danger, ma rébellion était visible, Émile sentait que je pouvais être son plus redoutable ennemi. Il fallait à tout prix que je trouve une porte de sortie. Finalement, ce mariage arrangé en était une. Alors j'ai accepté d'épouser Albert. Je persiste à penser que si je m'étais débrouillée pour échapper à ce mariage, je serais morte moi aussi, parce que mon caractère me poussait à tenir tête et que j'aurais fini par le payer. Plus tard, je me suis demandé si en me poussant à un mariage qui convenait si bien à Émile Louis, ma mère n'avait pas, à mon insu, cherché à me protéger...

Pour fêter ça, Émile s'est empressé d'offrir une nouvelle voiture à mon « promis », une Toyota cette fois. Il avait pris un crédit à son nom que son futur gendre était censé lui rembourser. Promesse vite oubliée, bien entendu. Comment Albert aurait-il pu rembourser, avec un salaire d'environ quatre cents francs par mois ? Une solde qui ne lui permettait pas non plus d'entretenir honnêtement une famille. Question vite réglée : Albert est venu vivre à la maison pendant ses permissions – il était alors basé à Apt. Il devait bientôt être envoyé à Djibouti. Et j'étais supposée le suivre.

Notre « union » a été célébrée en 1973. J'avais dix-sept ans. J'étais mineure, la majorité étant encore à vingt et un ans. Ce n'est que l'année suivante, en 1974, après l'élection de Valéry Giscard d'Estaing à la présidence de la République, qu'elle a été fixée à dix-huit.

Un mariage « à tout casser » ! En robe blanche, avec cérémonie religieuse et messe solennelle. On a invité le ban et l'arrière-ban, du moins à l'église. La famille de maman au grand complet, bien entendu, mais aussi tout le foyer de l'enfance de Montmercy à Villefargeau. Le déjeuner et le dîner eurent lieu au Moulin de Pontigny, un restaurant qui appartenait alors à l'oncle et à la tante du Midi. Mais je ne suis pas un très bon témoin pour relater la cérémonie et les agapes qui suivirent. Ce qui se passait ne m'intéressait pas. À tel point qu'à la mairie, il a fallu me secouer pour me tirer de mes pensées et que je réponde « oui » à la question rituelle.

La première nuit, sans doute en hommage à Ratzou, l'épicier d'Avallon, Émile Louis a passé une partie de son temps l'œil vissé au trou de la serrure. Avec son cynisme habituel, il ne s'est pas gêné pour me le faire savoir dès le lendemain. Comme on peut s'en douter, cette nouvelle m'a ravie...

Il ne me fallut pas longtemps pour comprendre que mon mari avait eu des maîtresses avant le mariage, ce qui est assez normal, et qu'il en avait conservé un certain nombre, ce qui l'est moins. Il me trompait, et cela ne semblait pas choquer ma mère.

– De toute façon, disait-elle, c'est normal, ces gars-là ne sont pas faits pour avoir une seule femme.

– C'est bien possible, mais la polygamie ne fait pas partie de mes conceptions. Il y a des filles qui s'en foutent, moi pas.

D'ailleurs, en vertu d'un autre dicton qui veut que s'assemblent ceux qui se ressemblent, Émile et son gendre se sont très vite mis à sortir ensemble, fréquemment, histoire de se faire de nouvelles copines ou de visiter quelque ancienne... Oui mais voilà, en virée, Émile ne se contenait plus et il en a tant fait qu'il a fini par écœurer Albert.

– Je ne sortirai plus avec ton père, c'est un gros dégueulasse ! m'a-t-il dit un soir en rentrant d'Appoigny où ils étaient allés coucher avec je ne sais qui.

Je n'ai pas obtenu plus de détails, mais pour qu'un fêtard comme Albert, aussi peu à cheval sur la morale, me fasse ce genre de remarque, il fallait vraiment qu'Émile l'ait entraîné dans une aventure bien sordide. Je sentais un dégoût profond m'envahir. Mais qu'est-ce que je pouvais bien faire dans ce milieu, avec mes aspirations déplacées à la droiture et à la pureté ? J'étais coincée. Il me fallait tenir le coup, le temps de trouver une solution.

Je n'avais jamais eu le droit de sortir seule, et mes parents ne m'avaient jamais emmenée nulle part. Avec Albert, rien n'a changé. Nous ne sommes allés qu'une fois au cinéma ensemble ! Quelqu'un avait dû nous recommander un film inspiré de la vie de Jack Kerouac [1]. Albert n'avait bien sûr rien lu de son œuvre et n'a rien compris au film. Il s'est mis à faire des réflexions à voix haute,

1. 1922-1969. *Sur la route*, son ouvrage le plus célèbre publié en 1957, retrace les dix années d'errance ponctuées d'allers et retours incessants entre les côtes est et ouest des États-Unis d'un jeune voyou famélique à la recherche de sa vie et de ses racines.

puis à siffler, à grimper sur son siège en gesticulant et en vociférant. Comme rien ne pouvait le ramener à la raison, je suis partie, l'abandonnant à ses délires. Je ne sais pas ce qui s'est passé par la suite, mais il a dû aller se consoler quelque part, car il est rentré beaucoup plus tard dans un état d'ébriété avancée... Et le lendemain, je me suis fait enguirlander par ma mère pour avoir laissé mon mari « seul, face à des individus hostiles ». Un comble !

J'étais indignée par ce genre de réaction et par l'immixtion de ma mère dans ma vie de femme mariée, même si je ne doutais pas de son amour pour moi. On m'avait contrainte au mariage, alors qu'on me fiche la paix ! C'était la moindre des choses. Plus tard, j'ai cru comprendre que maman essayait de faire en sorte que nous ressemblions à une vraie famille, des efforts touchants et maladroits, car elle ne faisait qu'aggraver la situation. Elle était généreuse et, à beaucoup d'égards, c'était une femme extraordinaire. Mais nous étions piégées, comme deux prisonnières, chacune à sa façon. Des captives d'Émile Louis. À cause de cela, nous devions rester solidaires l'une de l'autre. Il n'empêche que lorsqu'elle intervenait dans mon ménage en prenant le parti de mon mari, je me sentais trahie.

*
**

En juillet 1974, Albert a été muté à Djibouti, cette ancienne Côte française des Somalis devenue territoire d'outre-mer[1] en 1946, puis Territoire français des Afars

1. En 1977, l'indépendance a donné naissance à la République de Djibouti.

et des Issas en 1967. Il est parti presque sur-le-champ et je m'en suis réjouie. J'allais être seule quelques mois, avant de mettre plusieurs milliers de kilomètres entre Émile et moi. L'occasion de ne plus avoir peur. D'oublier ?

Je me suis envolée en octobre pour le grand port du golfe d'Aden. Ma mère n'avait qu'une obsession : me voir enceinte. Elle voulait un « bébé chocolat » et manifestait une sincère impatience... Comme si sa fille avait fait un mariage d'amour ! Moi, j'avais un autre point de vue. Oui, je voulais un enfant, mais pas d'Albert, si possible. Alors je prenais la pilule en cachette. Je gagnais du temps.

L'arrivée à Djibouti a été cocasse. L'avion s'est posé à 6 heures du matin et j'ai attendu mon cher mari jusqu'à 7 heures, postée sur le tarmac où la température atteignait 50 °C. Monsieur avait tout bêtement oublié l'heure de mon arrivée ! Il a fini par apparaître et n'a pas formulé la moindre excuse. Il m'a dit qu'il voulait me présenter à des amis avant de me montrer notre appartement. Attitude pour le moins bizarre de la part d'un homme qui retrouve sa jeune femme après quatre mois d'absence...

Je n'étais pas au bout de mes surprises. Car l'endroit où il m'a emmenée était assez curieux. Ses « amis » étaient des militaires, légionnaires pour la plupart, qui sortaient de boxes fermés par des rideaux où ils venaient de passer quelques instants avec les « copines » d'Albert. Il m'avait emmenée dans un bordel ! J'étais si naïve à l'époque qu'il m'a fallu un quart d'heure pour m'en rendre compte. Il m'avait conduit « chez les putes » et, bien entendu, Albert était au mieux avec la tenancière de ce boxon ! Il m'a « présentée » à tout le monde, comme promis, et j'ai vite compris qu'on se payait ma tête.

– Vous voulez boire quelque chose ? me proposa la maquerelle, en me détaillant.

Je n'ai pas répondu.

En sortant, j'ai réclamé des explications, notamment sur l'intimité qu'Albert entretenait avec les prostituées. Sa réponse a été sans appel :

– C'est des copines. C'est même pas des copines, c'est des amies. Tu comprends ça ? T'as qu'à fermer ta gueule !

Et c'est ce que j'ai fait. De toute façon, protester ou hurler n'aurait pas changé grand-chose. La situation était pathétique, mais j'étais déterminée à m'en sortir d'une façon ou d'une autre. Pas question de gâcher mes chances en me rebellant à tout bout de champ. Et puis Émile m'avait habituée à évacuer mes états d'âme.

Notre logement – un bungalow comme on en trouve dans beaucoup de villes d'Afrique – était agréable, même si l'architecture militaire se résumait au cube et au parallélépipède. Le climat me convenait. Je me plaisais dans ce pays, même si je devais supporter l'incessant défilé des copains d'Albert, tous militaires, et de ses copines, ses maîtresses. Mon mari passait son temps à faire la java. C'était son occupation principale. Il ne lisait pas, ne regardait pas la télévision, ne pratiquait aucun sport. Il faisait la bringue à temps complet et les manquements à son service lui valaient régulièrement les arrêts de rigueur. Pendant ce temps-là, au moins, j'étais tranquille.

Je prenais mon mal en patience. Je n'avais pas envie de faire l'amour avec mon mari, mais je ne peux pas dire qu'il me violait. Je subissais. Je me disais « je m'en fous ! » et je pensais à autre chose. Ce n'était pas très épanouissant, mais indépendamment du fait que je n'aurais jamais épousé ce garçon si j'avais eu le choix, je n'avais pas le désir de prendre place dans la ronde de ses maîtresses. Heureusement, il découchait souvent... Et si je ne l'y encourageais pas, je ne m'y opposais pas, au contraire. Ainsi j'avais la paix.

Pour m'occuper le matin et profiter enfin un peu de l'environnement, je m'étais mise au footing – on ne disait pas encore jogging. Pour Albert, le sport était réservé aux hommes, les femmes n'y avaient pas droit. Alors j'attendais qu'il soit parti pour courir. Je courais pieds nus, sinon j'aurais dû justifier l'achat de baskets. Je faisais le tour de la base aérienne, je passais devant la Légion... Même circuit, mêmes paysages, tout cela prenait une heure, une heure et demie, et ensuite, ensuite... Cet intermède matinal pendant lequel je me faisais vraiment plaisir ne suffisait pas à remplir ma vie. Après une douche, c'était la solitude. À cause de la mauvaise réputation d'Albert, au début, je n'ai pas pu me faire d'amis, tout juste des connaissances. Nous nous saluions, nous échangions quelques mots, un point c'est tout. Je ne disais le plus souvent ni qui j'étais, ni d'où je venais, cherchant à préserver le plus possible un anonymat que je jugeais salutaire.

Quelque temps après mon arrivée, pourtant, j'ai réussi à nouer une relation amicale avec un médecin militaire. Il me connaissait un peu et, surtout, il savait qui était mon mari, puisque Albert passait son temps à essayer de se faire porter pâle. Un fêtard doublé d'un paresseux congénital ! Ce médecin avait compris son manège et s'était inquiété de mon sort. Sans doute était-il curieux de savoir quel genre de femme était capable de supporter un individu pareil. Je l'avais surpris et il avait jugé de ma détresse.

Quelques allusions, à mots couverts, avaient suffi. Je ne lui ai pas tout dit de ma situation, bien sûr, mais il a compris que j'étais prise au piège et que mon désir secret était de me sortir de ce mariage pour enfin essayer de me construire une vie. Il m'a proposé de me faire rapatrier pour raisons sanitaires. Officiellement, je ne supportais pas le climat. Une formalité... Et, en février 1975, j'étais de retour à Villefargeau !

On peut s'étonner que je sois revenue me mettre « dans la gueule du loup » mais là encore, que pouvais-je faire ? Je n'avais pas un sou, je ne connaissais personne nulle part. Je pensais procéder par étapes. Mon aventure africaine avait duré cinq mois, je laissais mon mari (qui s'en moquait) à ses escapades avinées et sexuelles, j'étais majeure, j'allais pouvoir organiser ma liberté.

C'est du moins ce que je croyais.

– 9 –

LE JOUR OÙ L'ESPOIR M'A QUITTÉE...

Je n'ai même pas eu le temps de défaire ma valise, maman m'est tombée sur le dos. Elle m'a reproché mon départ et, quand je lui ai annoncé que j'étais décidée à demander le divorce, elle est entrée dans une fureur indescriptible.

– Quels que soient les motifs, une femme ne quitte pas son mari. Ça ne se fait pas !

J'ai répliqué :

– La belle affaire ! Je te rappelle qu'il s'agit de ma vie et non de la tienne. Tu as vu l'individu ? Ses beuveries, ses maîtresses, sa fainéantise ? Tu as vu ce qu'était notre existence ? Et tu ne veux pas que je divorce ? Mais qu'est-ce que tu crois que je vais faire, à la fin ? Tu t'imagines que je vais passer le reste de mes jours comme ça ?

Je n'ai pas réagi assez vite pour esquiver la paire de claques. Histoire de me remettre en mémoire les bonnes vieilles habitudes familiales.

– Il n'est pas question de divorcer, tu m'entends ? a-t-elle hurlé. Albert est mon fils, et même plus que mon fils !

– Oui, ça, je m'en étais déjà aperçue !

– De toute façon, je voudrais bien comprendre pourquoi tu n'es pas encore enceinte. Il faut aller voir le médecin. Qu'attends-tu pour me faire un bébé chocolat ?

Elle ignorait toujours que je prenais la pilule. Heureusement, j'avais trouvé un médecin, une femme, qui avait bien voulu me la prescrire, car à cette époque peu de praticiens acceptaient de le faire sans l'accord du mari. Inutile de dire que je ne l'aurais jamais obtenu. Maman tenait à son « bébé chocolat », et naturellement Albert aussi. Leur relation, dès le départ, m'a paru ambiguë, et leur insistance indécente. Je me sentais comme une future mère porteuse dans une histoire où je n'avais plus ma place légitime. J'étais exaspérée d'entendre maman me réclamer à tout bout de champ de « lui faire un enfant ». Moi, j'aurais aimé que cet enfant fût le mien !

Pendant mon absence, la vie n'avait pas évolué à Villefargeau. Les mœurs non plus. J'ai réussi à aller au cinéma, une fois, avec l'aîné de mes frères. Mais comme il a eu l'impression qu'un jeune homme me regardait avec insistance, il a dit à maman qu'il ne m'y emmènerait plus. Je me suis retrouvée cloîtrée, de nouveau. C'était d'autant plus grotesque que tout le monde sortait sauf moi.

– Toi, pas question, me répétait-on. T'es mariée, tu restes à la maison.

Matériellement, je m'en sortais grâce au compte joint que nous possédions avec Albert qui malgré ses dépenses y laissait quand même quelques sous. Naturellement, Émile en profitait pour me demander de l'argent. Mon statut de « femme mariée » m'autorisait à cofinancer les escapades des autres, celles d'Émile Louis en particulier !

Il avait toujours quelques maîtresses. Parmi elles, une certaine Françoise Lemoine. Je n'ai eu connaissance de l'existence de cette femme que des années plus tard, au moment de l'affaire des disparues. Elle devait avoir vingt-cinq ans et travaillait à Auxerre, comme serveuse, dans le bar d'un proxénète notoire, homme habile, bien implanté dans la bonne société locale, partageant son temps entre ce petit coin de France et le Brésil. Toutefois, Françoise n'était pas une prostituée.

Je ne l'ai jamais rencontrée, mais d'après ce qu'on m'a dit elle n'était pas bien jolie, manquait de culture et souffrait d'un léger handicap, dont on sait que pour Émile Louis ça n'en était jamais un. Il fit donc de Françoise sa maîtresse. Il lui avait trouvé un emploi et un logement dans un hôtel proche de son propre lieu de travail et Françoise vivait pratiquement en concubinage avec lui. Sans explication, elle aurait tout plaqué du jour au lendemain et aurait disparu en juillet 1977. Depuis, son nom figure malheureusement au premier rang de la liste des disparues de l'Yonne. Je sais, de source journalistique, qu'un différend à propos de Françoise avait éclaté entre Émile et le tenancier du bar où elle logeait. Étrangement, aujourd'hui, les deux hommes prétendent ne pas se connaître...

Cette même année, fin avril, début mai, Émile Louis a été convoqué, un soir, au commissariat de police. Il a été accusé d'avoir séquestré Ségolène, une gamine de quatorze ans, fille d'une amie de maman, dans une cabane du bois de Rouvray. Une plainte avait été déposée par la mère, inquiète de ne pas voir rentrer Ségolène, alors que cette dernière était partie le matin avec Émile... L'adolescente est réapparue miraculeusement et la plainte a été retirée.

Ségolène a pourtant raconté qu'Émile l'avait emmenée à la pêche, et qu'ensuite il l'avait enfermée dans une cabane au milieu des bois, près du Serein. Le reste est demeuré confus dans sa mémoire. Elle ne se souvenait pas précisément de ce qui s'était passé. Et, d'ailleurs, tout le monde s'en moquait ! Ça m'a tellement choquée que je m'en suis ouverte à ma mère. Elle a répliqué :

– Personne ne l'écoute parce que c'est une petite salope, et ton père n'est pour rien dans cette histoire. Ce ne sont que des mensonges. Tu sais bien comment elle est !

– Non, justement, je ne sais pas.

– Et bien elle traîne dans les caves avec les Arabes. Voilà !

Les Arabes, pardi ! Encore les Arabes ! Toujours les Arabes... J'ai essayé de me renseigner sur la vie de Ségolène et ce que j'ai appris m'a bouleversée. C'était une fille simple et gentille, qui ne voyait le mal nulle part. Certains disaient qu'elle avait été abusée par son père et sa propre mère laissait entendre qu'elle avait été violée par son oncle. Le portrait d'une « salope », n'est-ce pas ? Oui, Ségolène se retrouvait souvent avec d'autres gamins dans des caves. Ça suffisait pour qu'on raconte partout que tout le monde lui était « passé dessus »... Mais j'ai aussi appris que ma mère avait donné de l'argent à la famille de Ségolène pour que la plainte soit retirée ! Mes frères et sœur l'ont-ils su ?

Cette affaire a rendu encore plus pesante l'atmosphère quotidienne à Villefargeau. Au mois de juin, il a commencé à faire chaud. J'aurais pu me croire en vacances si... Si je n'avais pas eu l'impression d'être engluée. Je ne savais pas comment m'en sortir. Jour après jour, je glissais un peu plus avant dans la dépression. Un état de faiblesse qui n'a pas échappé à Émile...

*
**

Il fait très beau, ce jour-là... Et mon père me propose d'en profiter. Une grande première !

– Tu devrais te distraire un peu. Tu n'as pas envie d'aller faire des courses à Auxerre ? Si tu veux, je te dépose et je te reprends plus tard. Qu'est-ce que t'en penses ?

L'idée de me promener seule dans les rues, tranquillement, en regardant les boutiques, me séduit. J'accepte cette proposition aussi inattendue que bienvenue...

Un quart d'heure plus tard, Émile gare la voiture dans le centre ville et me désigne un bistrot.

– Si on allait prendre quelque chose au café de l'Escargot ?

Je n'en crois pas mes oreilles ! Émile offre à boire à sa fille ! C'est à marquer d'une pierre blanche. De plus en plus surprise, j'accepte. Je n'aurais pas dû. Mais comment aurais-je pu imaginer...

Nous voici installés au bistrot. Émile prend une bière et je me rends aux toilettes en lui demandant de me commander une menthe à l'eau. Quand je reviens dans la salle, nos consommations sont servies. Nous restons attablés quelques minutes sans rien dire. Il fait frais à l'intérieur du café, pourtant j'ai hâte de sortir. Je n'ai jamais su de quoi parler avec mon père et je crains le silence. Je joue avec mon verre à moitié plein en faisant mine de m'intéresser à ce qui se passe autour de nous.

– Bois, dit-il, bois tout. L'été, on se déshydrate vite, tu sais. Il faut boire.

– Je sais, mais leur sirop de menthe a un goût dégueulasse.

– Mais, non, mais non, insiste-t-il, bois tout !

Avec lui, on ne sait jamais. Si je le contrariais, il serait capable de me ramener à la maison. Je tiens à mes quelques heures de liberté, même si la ville est petite et qu'on en a vite fait le tour... Alors, je finis mon verre d'un trait.

Quelques instants plus tard, je ne me sens pas très bien. Émile s'en rend compte. Il me prend la main, attend quelques secondes, puis il se lève et me tire par le bras pour que je quitte mon siège.

– Viens, dit-il doucement, je vais te ramener en voiture.

Ma promenade est fichue, mais c'est secondaire. J'ai la sensation de m'enfoncer dans de la ouate. Une étrange torpeur m'envahit. C'est irrésistible. Bientôt, je suis sans réaction... À un moment, je reconnais la maisonnette de Rouvray que nous habitions lorsque j'étais petite. Comment sommes-nous arrivés là ? Je ne me souviens même pas d'être montée dans la voiture.

Émile alors me fait descendre, claque la portière, et m'entraîne vers un champ. Je ne sais pas ce que je fais. Je suis sans volonté. Consciente à certains moments, inconsciente à d'autres... Comme spectatrice de moi-même. Je progresse dans la réalité comme dans mes perceptions, de manière discontinue, hachée, stroboscopique. Tout s'arrête puis tout repart, après un « trou » qui dure plus ou moins longtemps... Je rampe sous les barbelés, sans doute pour traverser les pâtures qui ont laissé place aujourd'hui à des champs de maïs. Je fais attention à ma robe imprimée, légère, avec de toutes petites fleurs multicolores sur fond bleu pétrole. J'y tiens beaucoup... Et puis, me voilà dans le bois, près du cours d'eau, avec Émile... Maintenant, il me pousse dans une cabane faite de planches et de branchages, semblable à ces abris du bord de l'eau, destinés à l'affût dans la chasse au canard sauvage.

Mais il n'y a pas d'étang.

Et le gibier, c'est moi.

Combien de temps s'est-il écoulé avant que je me retrouve nue sur le sol ? Je ne sais pas. J'entends seulement la voix d'Émile, étrange, qui me parvient comme à travers un brouillard. Il ordonne :

– Allez ! Rampe, salope. Rampe !

Est-ce que je le fais ? Sans doute. Je n'ai aucune force, rien pour résister. Je ne tiens pas debout...

Et ensuite ? Ensuite, je sais qu'il me viole, d'abord avec des objets. Je ne me débats pas... Je ne crie pas... En fond sonore, le bruit de la rivière et la litanie familière des obscénités proférées par mon père... Je suis là et, en même temps, à des années-lumière de cette cabane sinistre... Il faut qu'il m'ait droguée à mort pour que j'éprouve cela ! Au moins, cette absence de conscience m'épargne peut-être le pire... Le temps me semble court, et pourtant le soir est déjà là.

Émile me laisse alors, nue, bâillonnée, les chevilles entravées et les mains liées dans le dos... Je parviens à peine à voir ce qu'il y a autour de moi... Une caisse ou un rondin, un réchaud, une cuvette... Je me souviens très bien d'une bâche en plastique translucide épais, comme celles qui protègent les matelas et des sommiers... La nuit tombe... Je crois que je m'endors... Reste le bruit de l'eau... Je pense qu'il s'agit du Serein... Quand je rouvre les yeux, c'est le petit matin.

Il est très tôt, environ 6 heures, quand Émile vient me chercher. Le jour est levé, il fait frais. Il y a de la rosée... Il m'a détachée, je me rhabille. Je frissonne dans ma robe déchirée... Un peu plus tard, sur le siège de la voiture, je remarque les traces de liens sur mes poignets et mes chevilles. Je les frotte machinalement, en silence... Je « suis là » sans y être. Je suis consciente, bien que l'effet de la drogue ne soit pas encore complètement dissipé. Mais il y a un vide en moi. Je respire, je vois, mais tout ce qui m'apparaît est artificiel, déshumanisé... Je ne me pose pas de questions, ni sur le présent ni sur l'avenir...

Soudain, Émile arrête la voiture et me fait descendre... à proximité de la gendarmerie ! Je m'éloigne du véhicule qui redémarre et j'entre chez les gendarmes... Les fonctionnaires présents me regardent comme un spectre sortant du mur. Je n'ai aucune idée de l'impression que je produis, décoiffée, avec ma robe déchirée, les traces de liens, quelques hématomes... Je suis une caricature de femme battue comme on en voit dans les téléfilms... Ils me parlent, m'interrogent... Je leur dis que je suis mariée, que je ne sais pas ce qui m'est arrivé et que je veux juste rentrer chez mes parents... Ils ne comprennent pas ce qui m'a conduite là à cette heure matinale... Une aventure avec un amant de passage qui se serait mal terminée ? Je ne parle pas de viol. Pas par pudeur, mais à cause de la honte... Et puis, j'ai une peur irraisonnée de me faire traiter de salope ! Je ne supporterais pas de les entendre rire, dire que je l'ai sans doute cherché, d'être vue comme une coupable, comme si j'étais responsable de ce qui m'est arrivé. C'est la raison pour laquelle nombre de femmes préfèrent ne pas porter plainte. Face aux sarcasmes ou aux doutes, elles ont l'impression d'être violées à nouveau...

Finalement c'est un maître-chien qui me raccompagne chez moi où m'attend un comité d'accueil : maman, Émile et l'aîné de mes frères.

Ils ne sont pas là pour me rassurer, me consoler. Émile, qui a préparé la réception, ouvre les hostilités :

– Ah, te voilà enfin, salope ! T'as trompé ton mari, dis !

Et il ajoute en se tournant vers ma mère :

– Je t'avais bien dit qu'elle s'était barrée avec un mec !

Maman se lève d'un bond et se jette sur moi.

– T'as pas à tromper ton mari ! Hein ? Tu entends ?

Mon frère s'y met à son tour et ma mère se met à cogner. Ma mère cogne et je me tais. Pourquoi parlerais-je ? Elle ne me croirait pas. Elle ne cherche pas à comprendre, n'attend pas d'explication. Je ne desserre pas les dents...

Ce jour-là, j'ai eu le sentiment que le monde entier était ligué contre moi. Je n'ai même pas senti la douleur. Aucune révolte en moi, parce je ne croyais plus à rien. Ce jour-là, l'espoir m'a quittée.

Plus tard, j'ai rapproché les souvenirs de mon viol des révélations de Jocelyne et de la petite Ségolène. Aucune d'entre nous n'a traversé la rivière. En fait, nous étions sur le coin de pêche favori d'Émile... Encore plus tard, c'est à Rouvray, dans ces méandres du Serein, pas très loin de l'emplacement où devait se trouver la cabane, que l'on a mis au jour, aux endroits précis désignés par Émile Louis, les squelettes des deux malheureuses. En 2002, les gendarmes ont effectué en vain des recherches pour retrouver la cabane maudite. Il aurait fallu un miracle pour qu'elle soit encore là, vingt-sept ans après le drame. Seul Émile pourrait conduire les enquêteurs à l'endroit où il se livrait à ses crimes pervers. L'endroit où il a drogué, violé, torturé et séquestré sa propre fille...

– 10 –

UNE FENÊTRE SUR LA VIE

J'aurais dû consulter un médecin pour m'aider à surmonter le choc, mais c'était impossible. À Villefargeau, il n'y en avait pas. Pas question de me rendre à Auxerre, à dix kilomètres, parce que tous mes faits et gestes étaient surveillés. J'étais épiée, je ne pouvais pas sortir. C'était lamentable et désespérant. J'ai senti naître en moi des pulsions violentes que je ne connaissais pas. J'ai eu envie de battre... ma mère ! Je ne l'ai pas fait. L'amour que je lui portais, malgré son comportement, tout comme le respect de moi-même, me l'interdisaient. Mais je ne pouvais pas rester comme ça, à ne rien faire, avec la douleur, la fureur et la honte qui me rongeaient. Alors c'est contre moi que j'ai tourné la violence. Un matin, j'ai avalé des barbituriques.

Ma mère est entrée dans la chambre peu de temps après et elle a compris ce qui venait de se passer. Elle ne savait pas depuis combien de temps au juste j'avais avalé ces saloperies, mais elle ne s'est posé aucune question – même plus tard, elle ne m'a jamais demandé la raison de mon geste. Elle a seulement appelé le médecin et lui a dit : « Vous comprenez, elle s'ennuie de son mari. » Elle n'en croyait pas un mot, bien sûr.

Le médecin a décidé de me faire hospitaliser, mais personne n'a appelé les pompiers ou une ambulance. Ma mère et un voisin m'ont emmenée aux urgences. J'ai peu de souvenirs de cette journée. Je suppose qu'on m'a fait un lavage d'estomac. On m'a remise sur pied, physiquement – la dose absorbée ne devait pas être suffisante –, puis l'on m'a expédiée à l'hôpital psychiatrique, dans un service « libre ». Entendez que les malades étaient autorisés à sortir dans la journée et pouvaient recevoir des visites, limitées et sévèrement réglementées. Au début, je n'y eus pas droit. Le psychiatre a jugé nécessaire un traitement de plusieurs semaines. Je suis restée vingt et un jours dans ce service pour personnes dépressives. Tous les matins, on me mettait sous perfusion.

J'étais comme au secret. Même ma sœur ne savait pas ce qui s'était passé. Elle vivait encore à la maison mais elle menait sa barque à l'extérieur. Ma mère lui avait dit que j'étais hospitalisée pour quelque temps, mais que les visites étaient interdites. Ma sœur s'est contentée de cette explication qui n'en était pas une, et elle non plus ne m'a jamais posé de questions. De toute façon, je ne lui aurais rien raconté. J'avais décidé de me taire, y compris devant le psychiatre qui ignorait ce qui m'avait conduite à ce geste fatal.

En revanche, dès le premier jour, Émile a débarqué ! Je ne sais pas comment il s'y est pris avec le médecin et les infirmières, mais il a réussi à contourner l'interdiction de visite. Avec un grand sourire, il m'a fait comprendre à sa manière qu'il m'incitait fortement à garder le silence.

– Si t'ouvres ta gueule, ta mère... Couic !

Il a fait passer son index sur son cou, comme une lame qui tranche une gorge. La même menace que celle proférée dans le bois de Saint-Florentin quand j'avais onze ans. Nous n'avions rien d'autre à nous dire. Pourtant, Émile est revenu quotidiennement s'assurer de ma docilité.

– Vous en avez de la chance d'avoir un gentil papa comme ça, disaient les infirmières. Il vient vous voir tous les jours... C'est rare, vous savez...

Il prétendait vouloir réconforter sa « fifille » et trompait un personnel pourtant habitué à se méfier des pires manipulateurs et mythomanes. Avec moi, il changeait de langage. Il ne manquait jamais de me rafraîchir la mémoire, à voix basse : « Attention à ta mère, si tu dis quelque chose... »

Et, en repartant, il plaisantait avec les infirmières sous le charme, apparemment heureuses de bavarder avec ce « gentil papa ». Même le psychiatre m'a affirmé que j'avais « un père remarquable » ! Il est vrai qu'en trois semaines ce psychiatre ne m'a reçue qu'une seule fois en consultation... J'avais la douloureuse impression d'être entourée de gens indifférents, aveugles et sourds... À moins qu'ils n'aient essayé de me provoquer, de susciter une réaction de ma part, parce qu'ils ne pouvaient pas évoquer directement leurs doutes sur l'attitude de mon père. C'est du moins ce que je me dis parfois. Qui sait ? En tout cas, je n'ai pas pu demander son avis à ma mère, car elle s'est rarement manifestée.

En sortant de l'HP, je suis partie en maison de repos, à Saint-Gervais-les-Bains, une station thermale réputée, en Haute-Savoie, dans un cadre splendide. Ce n'était pas un établissement réservé aux dépressifs, bien au contraire.

On y recevait beaucoup de convalescents, notamment des grands brûlés et des asthmatiques. Et là, tout de suite, je me suis sentie renaître. Naître ?

J'ai sympathisé avec trois filles qui sont très vite devenues des copines. Dans la journée, nous suivions le programme imposé par la cure et le soir, nous profitions de la permission de minuit... Pour la première fois de mon existence, j'ai goûté à la vie ! Auparavant, je n'avais jamais pu me promener tranquillement, prendre un pot dans une brasserie, dîner au restaurant ou passer deux heures en boîte de nuit. J'avais l'impression de sortir d'une prison, d'un cloître, et de devenir bêtement « normale ». Je découvrais aussi combien l'existence pouvait être simple et belle. Je m'extasiais devant un coucher de soleil, un paysage, la douceur de la nuit, une rue animée, une boutique, la musique, la buée sur des verres où tintaient des glaçons, le souffle de l'air sur ma peau. Libre ! Libre de parler, de rire et de respirer, sans interdit ni surveillance, sans allusions perfides ni mensonges, sans regards soupçonneux ni tortures... Je ne craignais plus qu'on me batte. Je ne craignais plus pour ma vie ni pour celle de mes proches. Plus de sévices, plus de tortures, plus de viols... Je respirais enfin à pleins poumons.

Moralement, je reprenais des forces. Je devenais battante, joyeuse, heureuse d'être sur terre et de me mouvoir. Au bout d'une dizaine de jours, j'ai pris la décision de ne jamais revenir à la maison. Albert ne devait rentrer en métropole qu'un an plus tard. J'allais profiter à fond des semaines de repos qui me restaient. Ensuite je trouverais un travail, à Sallanches, Chamonix ou Megève. On ne me reverrait plus à Villefargeau.

Je m'étais liée d'amitié avec une ancienne prof de danse.

Une femme remarquable, dynamique et très chaleureuse. Lorsque je lui ai fait part de mon projet, elle m'a vivement encouragée :

– Vas-y, fonce ! De toute façon, il n'y a pas de problèmes de boulot ici. Je suis de la région et je peux te garantir que le travail ne manque pas, été comme hiver. On en trouve, et je vais t'aider !

J'étais sûre que ça marcherait. J'espérais et j'attendais, le cœur battant. J'étais en train de tourner une page noire de mon existence. Personne d'autre que moi n'écrirait la prochaine.

Ma nouvelle amie m'avait déjà ouvert quelques pistes et cherchait une chambre pour me loger. Je n'avais pas de gros besoins. C'était possible... Possible ! J'en rêvais la nuit...

Un matin, au tout début de mois d'août, maman m'a téléphoné :

– Ton mari revient. Il sera là dans quarante-huit heures. Il sait où tu es. Il va venir te chercher dans quelques jours.

– Mais... il ne devait rentrer que dans un an !

– Eh bien il est revenu plus tôt que prévu, c'est tout. Prépare-toi à l'accueillir comme il convient !

J'ai senti comme un souffle glacé sur ma nuque. Je ne voulais pour rien au monde qu'on le voie, qu'il débarque ici et que je sois en situation de devoir le présenter à l'entourage. J'ai répliqué :

– Non. Il ne viendra pas ici... C'est moi qui rentre. Je partirai demain.

Après avoir raccroché, je suis restée sans voix pendant un long moment. Je ne connaissais pas la raison du retour d'Albert. Était-il rapatrié ou s'était-il fait virer ? Lorsqu'un militaire ne se tient pas tranquille en détachement, il est rappelé dans son régiment d'origine. Quoi qu'il en soit, cette nouvelle me tirait brutalement en arrière... Avant même que j'aie pu goûter à la vie nouvelle que j'avais imaginée. Mon rêve m'échappait ! M'enfuir ? Où ? Avec quel argent ? Toujours le même problème... Je savais qu'Albert, avec l'aide de maman et d'Émile, remuerait ciel et terre pour me retrouver si je disparaissais. J'étais « à lui », il voudrait reprendre son bien. J'étais majeure, mais je n'avais aucune chance de leur échapper. L'idée de me retrouver face à mon « mari » me répugnait. Et la perspective de revoir toute la famille liguée contre moi m'anéantissait. J'étais comme un boxeur sonné. Comme un prisonnier dont on aurait révélé le plan d'évasion, la veille du jour où il allait se faire la belle. Mais j'ai pris sur moi, une fois de plus, et je suis allée annoncer mon départ à la directrice de la maison de repos. Ensuite, j'ai dit au revoir à mes copines et à mon amie, navrée d'apprendre ce qui motivait ma décision. De retour dans ma chambre, j'ai fait ma valise. Le lendemain matin, j'ai repris le train pour l'Yonne.

*
**

Retour au bercail... Pire qu'après Djibouti ! Ils étaient tous là. Plus Albert, tel qu'en lui-même. Et la même chanson, comme si rien ne s'était passé :

– Comment se fait-il que tu ne sois pas enceinte ?

Mais, cette fois, maman a découvert que je prenais la pilule. Elle a dû fouiller dans mes affaires et tomber sur une ordonnance du médecin de Saint-Gervais que j'étais allée voir pour le renouvellement de la prescription. Le rappel à l'ordre a été immédiat, la discussion courte et violente. Maman m'a accablée de reproches et Albert m'a flanqué deux paires de gifles. Bon sang ! Ces deux-là s'entendaient comme larrons en foire et ils le voulaient, leur « bébé chocolat » ! Au fond de moi, j'avais peur. Peur de maman, surtout. Parfois, lorsque je surprenais son regard posé sur moi, j'avais l'impression qu'elle savait ce que m'avait fait Émile. Quels étaient ses plans ? Qu'est-ce qu'elle voulait, au juste ?

J'aurais tant souhaité que cet enfant, qui devait donner toute sa dimension à ma vie de femme, soit le fruit de l'amour...

– 11 –

MON ENFANT VOLÉE, MA SŒUR VIOLÉE...

Par bonheur, je ne suis pas devenue mère à Villefargeau. Ma grossesse s'est déroulée à Sainte-Roseline, près de Draguignan. Albert y avait été muté en 1976, affecté à la compagnie de travaux lourds chargée de construire les voies ferrées pour le Génie, et je l'avais suivi. Je n'avais toujours pas parlé à maman, je n'avais pas eu le courage de lui révéler ce qu'Émile m'avait fait subir, d'abord à cinq ans, puis dans la cabane, près de la rivière : la drogue, le viol, la séquestration... Je suis sûre qu'elle m'en aurait voulu de le lui avoir raconté, comme elle s'en serait voulu de m'avoir battue le jour où elle a cru que j'avais trompé mon mari. Toutefois, l'idée de me plaindre ne lui serait pas venue pour autant. Et elle n'aurait pas cru bon de dénoncer Émile, ni même de lui faire quelque reproche. Rien ! J'en suis certaine ! J'avais déjà vu comment elle avait réagi quand je lui avais raconté l'horreur du bois de Saint-Florentin : « Je te crois, mais je dirai que tu mens. »

Je suis partie à Draguignan le cœur empli d'amertume, mais en même temps ravie de quitter cette maison du malheur. Il m'a fallu quelques semaines pour trouver mes marques et m'habituer à ma nouvelle vie. La nature prit son temps, et, en octobre, j'ai su que je serais mère au mois de juin 1977, si tout se passait bien. Au moins, je serais loin d'Émile dont le comportement était devenu de plus en plus inquiétant. Je n'étais pas tranquille pour autant. Malgré tout, je me faisais du souci pour maman. Allez comprendre...

Émile Louis travaillait aux Rapides de Bourgogne et conduisait le bus scolaire depuis trois ans déjà lorsqu'on lui a adjoint une accompagnatrice pour transporter les enfants de La Villote, un village proche de Villefargeau. L'accompagnatrice s'appelait Germaine. Elle habitait si près de chez nous que, de nos fenêtres, nous pouvions voir sa maison. Je n'ai jamais été dupe : Émile avait connu cette femme avant qu'elle ne devienne sa coéquipière. Peut-être même n'était-ce pas la mairie de Chevannes qui l'avait recommandée, comme on le disait. Il est fort probable qu'Émile avait incité Germaine à faire acte de candidature.

À peu près à la même époque, en plus de sa desserte habituelle, Émile a dû assurer une navette pour le compte de l'Institut médico-éducatif (IME) Grattery, un centre d'accueil pour les débiles mentales légères, à Auxerre. Il devait conduire ces jeunes filles, suivies par la DDASS de l'Yonne, de chez leur mère nourricière à l'établissement spécialisé. Comme celles-ci n'étaient pas assujetties aux mêmes horaires que les scolaires – elles quittaient beaucoup plus tard –, il pouvait assurer normalement le service des écoles primaires, puis effectuer un second tour pour les élèves de l'IME.

Plus tard, les enquêteurs constateront que toutes les

disparues avaient eu la malchance de figurer parmi les passagères habituelles d'Émile.

À la maison, mon père continuait de prendre grand soin de Jacqueline Weiss, l'enfant de la DDASS confiée à mes parents. Au fil des années, leurs relations s'étaient approfondies. En fait, ils ne se quittaient plus. Mais, un jour, Jacqueline est rentrée à la maison dans un état épouvantable. Visiblement choquée, incapable d'articuler un mot, couverte de bleus, des hématomes énormes. Effrayée, maman a appelé le médecin. Il est venu à la maison et il a demandé, en commençant son examen :

– C'est une gamine de la DASS ?

– Oui, pourquoi ?

– Parce que dans ces cas-là, ce n'est plus de la médecine, c'est de l'art vétérinaire !

Cette fois, ma mère a vu rouge et elle a flanqué ce salaud à la porte. Comment un médecin peut-il tenir de pareils propos ?

Quand elle s'est rétablie, Jacqueline a donné plusieurs versions embrouillées des événements : elle se serait rendue à une fête et, en revenant, elle serait tombée de sa Mobylette. Qui aurait pu y croire ? Ses vêtements n'étaient pas déchirés, elle ne présentait pas d'écorchures aux mains, ni aux genoux, elle ne saignait pas, n'avait rien de cassé... En revanche, ses poignets étaient marqués. Comme les miens l'avaient été.

Maman refusait cependant de se rendre à l'évidence.

– Il y a des gens qui ont dû essayer de lui faire du mal, ou de lui voler ses affaires...

– Tu es naïve ou quoi ? Quand Émile va à la pêche, elle l'accompagne à chaque fois... Et toi tu continues à trouver cela normal ?

Bien sûr, elle s'est butée. Elle ne voulait pas entendre la vérité. Et la vérité, c'est que Jacqueline avait besoin d'un père et d'un petit ami. Elle avait dix-huit ans, Émile seulement quarante et il plaisait aux filles... Pauvre Jacqueline. J'étais à Draguignan depuis des mois quand elle a disparu, « mystérieusement », le 4 avril 1977.

Malgré son obstination à faire comme si elle ne voyait rien, en fait maman ne supportait plus le manège d'Émile avec Jacqueline. Pour y mettre fin, elle avait cherché à la jeune femme un emploi. Vers la mi-mars elle avait repéré une annonce, publiée par les propriétaires d'un hôtel-restaurant d'Avallon : ils avaient besoin de quelqu'un qui s'occupe des enfants de la maison. Maman avait pris contact avec la patronne pour fixer la date d'un entretien d'embauche. Le soir elle avait averti Émile :

– Demain, tu emmènes la petite. Ils l'attendent avant l'heure du déjeuner.

– C'est entendu, on y sera.

Le lendemain, après le ramassage scolaire, Émile et Jacqueline sont partis pour Avallon. Ils en sont revenus à 13 heures.

– Ça a marché ! a dit Émile. Elle commence le 4 avril.

Le jour dit, Émile a accompagné la jeune fille à la gare d'Auxerre où elle était censée prendre le train pour Avallon. Il est rentré en affirmant s'être assuré qu'elle était bien montée dans son wagon. Le lendemain, au courrier, il y avait une carte postale de Jacqueline, adressée à ma mère. Elle avait été rédigée avec le propre feutre d'Émile Louis, un privilège ! C'était un Ball Pentel qui, à l'époque, coûtait presque aussi cher qu'un bon stylo-plume. Émile, d'habitude, ne le prêtait jamais et interdisait même à quiconque de s'en servir. Étrangement, cette carte avait été postée d'Auxerre et non d'Avallon. Écrire un mot avant d'arriver ? Drôle d'idée...

Une semaine s'est écoulée sans que Jacqueline ne se manifeste. Ce n'était pas son genre et maman s'en est inquiétée. Elle craignait que la jeune femme ne soit tombée « dans un établissement borgne, chez des gens sans scrupule ». Encore un jour d'attente et elle a décroché son téléphone. Elle a appelé les propriétaires de l'hôtel d'Avallon pour leur demander des nouvelles. Leur réponse l'a laissée sans voix :

– Je me souviens parfaitement de notre conversation, mais la jeune femme dont vous m'aviez parlé ne s'est jamais présentée à l'entretien d'embauche...

Stupéfaite, maman s'est précipitée à la gendarmerie pour signaler la disparition de Jacqueline.

– Je regrette, madame, lui a répondu le sous-officier de permanence, mais nous ne pouvons rien faire. Cette jeune fille est majeure, et de surcroît vous n'êtes pas sa mère...

Alors maman a alerté la DDASS de l'Yonne... Même réponse ! Chacun se référait à la loi. Et personne ne se souciait du sort de Jacqueline. Le soir, Émile a rassuré ma mère à sa façon :

– T'as pas à t'en faire. De toute façon, elle m'avait dit qu'elle partirait un jour. Elle en a sûrement profité pour filer avec un Arabe.

Encore les Arabes, bien sûr ! Ce fut son seul hommage à Jacqueline, sa « favorite ». Maman savait qu'il mentait, qu'il n'avait jamais conduit Jacqueline à cet entretien d'embauche. Alors, pourquoi s'est-elle tue ? Pourquoi a-t-elle feint d'avaler des histoires qui n'auraient pas dupé un enfant ? Jusqu'à quel point peut-on dire qu'elle a été la complice d'Émile ? Jusqu'à quel point peut-on dire qu'elle a été sa victime ?

Les restes de Jacqueline seront découverts et formellement identifiés vingt-quatre ans plus tard, dans les circonstances que j'ai déjà évoquées[1].

*
**

Peu après, j'ai accouché d'une délicieuse petite fille prénommée Eugénie. Mais ma sœur, qui n'avait alors que dix-sept ans, avait réussi à me devancer. Sa propre fille était née en avril. Quelques semaines plus tard, maman avait quitté Villefargeau pour venir me rejoindre à Draguignan. Ma grossesse se passait très bien, mais ma mère avait prétendu qu'elle était difficile pour se trouver auprès de moi. Je n'aurais su dire si elle craignait que je ne sois pas capable de m'occuper du nouveau-né, ou si elle avait hâte d'avoir son « bébé chocolat ». J'aurais dû me méfier...

Le jour de la naissance d'Eugénie, Albert et ma mère se liguèrent pour me voler ma fille ! Avant même que j'aie pu le toucher, mon mari s'empara du bébé pour le donner aussitôt à maman. À l'époque, on ne posait pas systématiquement le nouveau-né sur le corps de la mère comme on le fait aujourd'hui. J'avais à peine entrevu ma fille entre les mains de l'accoucheur, et je la découvrais, à distance, dans les bras de sa grand-mère. J'ai aussitôt ressenti une

1. Rappel : les deux squelettes découverts les 18 décembre 2000 et 12 janvier 2001 seront formellement identifiés le 13 avril 2001 comme étant ceux de Jacqueline Weiss et Madeleine Dejust.

cruelle frustration, mais je n'imaginais pas que ce n'était que le début des offenses.

Dès lors, les rapports entre Albert et ma mère sont devenus de plus en plus étranges. Je comprenais que maman veuille être choyée, puisqu'elle ne l'avait jamais été. Mais je trouvais tout de même inconvenant qu'elle joue à ce jeu avec le mari de sa fille.

Cela n'était pourtant pas le plus grave : après ma sortie de la maternité, maman s'est littéralement emparée de ma petite Eugénie. Je n'avais jamais le droit de m'occuper d'elle en sa présence, ni même de formuler un avis. C'est tout juste si j'étais autorisée à garder le bébé en son absence. Comme je n'allaitais pas, maman prenait Eugénie quand elle le voulait, organisant les repas comme elle l'entendait, sans même me consulter. Ça a duré des années... Et l'absence de contact physique entre ma fille et moi pendant cette période clé pour une mère et son enfant a laissé des traces psychologiques profondes. Quand maman est morte, Eugénie a dû consulter un psychologue parce que sa grand-mère lui manquait, au-delà d'un chagrin naturel. Pour l'aider, j'ai dû lui raconter dans le détail ce qui s'était passé pendant ses premiers mois sur terre, comment j'avais été évincée et empêchée de m'occuper d'elle.

Je ne peux me retenir d'éprouver de la rage en me remémorant cette période de ma vie... D'autant qu'il s'est produit un autre événement, bien plus dramatique.

Pendant que maman était chez moi, à Draguignan, Patrick et Céline, qui avaient été confiés à mes parents en 1969, restaient sous la garde... d'Émile ! Céline était alors une gamine charmante, blonde comme les blés, avec de beaux yeux d'un bleu intense et je l'aimais toujours autant. Quand maman m'a quittée et qu'elle est rentrée à Villefargeau, elle a été surprise de constater que la fillette manifestait un trouble du comportement. À huit ans, Céline se souillait comme un nourrisson.

– Tu te rends compte ! m'a dit un jour ma mère au téléphone. Faire caca dans sa culotte, à son âge !

Je n'ai pas osé parler de sévices éventuels, mais j'ai tout de même voulu l'alerter :

– Ce n'est pas normal. Il a dû se passer quelque chose. Tu es sûr qu'Émile ne lui a pas balancé deux ou trois baffes alors qu'elle n'avait rien fait ?

– Mais non, sûrement pas ! Elle me l'aurait dit.

Une fois encore, ma mère refusait de se poser des questions. Elle préférait l'aveuglement à la vérité... Moi, la vérité, je l'ai apprise vingt-deux ans plus tard : en 1999, on m'a révélé que ma « petite sœur » Céline avait été violée par Émile ! Ils me l'ont caché, parce qu'ils savaient que je n'aurais pas gardé le silence. Pour moi-même, j'étais incapable de réclamer justice. Pour Céline, j'aurais soulevé des montagnes.

J'aurais dénoncé mon père. Rien ni personne n'aurait pu m'en empêcher.

Et les malheureuses disparues n'auraient peut-être pas connu ce sort tragique.

– 12 –

DU FIL BARBELÉ AUTOUR DU COU

En décembre 1977, fini Draguignan ! Retour dans l'Yonne... Je ne sais toujours pas, aujourd'hui, pourquoi le commandement militaire n'a pas souhaité renouveler le contrat d'Albert. Mais je m'en doute : fainéant impénitent. Bref, ils l'ont flanqué à la porte. Bien sûr, mes parents se sont empressés de nous chercher un travail à chacun, et un appartement. Albert, qui venait du Génie, se retrouva dans une société de bâtiment et de travaux publics et moi au secrétariat d'une moyenne entreprise. Maman récupérait ainsi adroitement ma fille. Nous nous sommes installés à Auxerre, à six kilomètres de Villefargeau. Comme je ne conduisais pas, il m'était impossible de déposer le bébé le matin et de le reprendre le soir, si bien qu'Eugénie vivait désormais chez sa grand-mère. Je ne pouvais la voir – je devrais dire : je n'étais « autorisée » à la voir – que le dimanche, puisque je travaillais aussi le samedi. Il m'arrivait de me libérer parfois le mercredi, une demi-journée par-ci, par-là, mais je ne le savais qu'au dernier moment.

La seule bonne nouvelle, à l'occasion de ce retour : grand-mère était « casée » !

– Grâce à une petite annonce du *Chasseur français*, m'a expliqué ma mère. Elle vit désormais à côté de Saint-Florentin. Son nouveau bonhomme a tout du vieil excentrique. C'est une sorte de gnome à qui il manque des doigts. Un genre de guérisseur, il soigne par l'eau chaude et des trucs comme ça...

Une victoire ! Il avait fallu cinq années d'efforts pour se débarrasser de cette grand-mère que personne n'aimait, et que nous appelions irrévérencieusement « mémère casserole ». Pour ce que nous en avons su, cette nouvelle union n'a pas adouci les mœurs de cette femme redoutable. Nous avons très vite été convaincus que son nouveau bonhomme recevait quelques trempes. Mais peut-être rendait-il coup pour coup.

Deux ans et demi se sont écoulés ainsi. Une période difficile pour moi. Parce que je n'étais jamais seule avec ma fille. Albert et moi vivions à Auxerre, maman s'occupait de ma fille pendant que je travaillais. Non seulement Eugénie restait avec ma mère, mais je ne pouvais pas m'occuper d'elle. Maman se comportait comme un tyran, décidait de tout et passait son temps à m'exclure. Nourrie en dépit du bon sens, ma fille grossissait à vue d'œil, ce qui me contrariait au plus haut point. J'étais en colère contre ma mère et agacée de voir ma petite fille avaler tout ce qu'on lui donnait. Cette situation pourrissait petit à petit mes relations avec Eugénie. J'avais de nouveau l'impression d'être prisonnière d'une vie que d'autres avaient formatée pour moi. J'avais été mariée sans mon consentement à un homme que je n'aimais pas ; je me trouvais réduite au rôle de spectatrice de ma propre fille.

Mon mari, fidèle à lui-même, s'emparait régulièrement de ma paye pour aller la dépenser avec des prostituées. Je connaissais ainsi le privilège peu enviable d'être en plus ridiculisée ! Je supportais de moins en moins cet homme qui, d'un certain point de vue, ressemblait beaucoup à Émile, hormis le sadisme et la perversion, fort heureusement. Je n'étais tranquille qu'en son absence... Et quand maman s'absentait elle aussi, quel bonheur ! Je restais alors seule avec Eugénie, à goûter des instants rares et précieux. Quand nous n'étions que toutes les deux, je finissais par croire que la vie pouvait être belle. Il suffisait de si peu de chose, d'un petit bouleversement...

Celui qui se préparait allait plutôt ressembler à un coup de tonnerre. Surtout pour maman : Émile s'apprêtait à la quitter.

*
**

Au fil des années, Germaine, l'accompagnatrice, avait pris de plus en plus de place dans la vie d'Émile. Elle n'était pas encore divorcée et elle élevait ses cinq enfants plus quatre ou cinq autres, confiés par la DDASS. En décembre 1977, il existait déjà une grande intimité entre elle et mon père. Le jour de Noël, avant le déjeuner, Germaine l'avait appelé : elle voulait lui donner son cadeau. Il s'agissait d'un livre d'art, *Les Grandes Heures cathares*. Je me souviens de ce détail parce qu'il m'a donné l'occasion d'un échange à fleurets mouchetés avec Émile. Je lui ai demandé sournoisement s'il savait ce qu'étaient les cathares. Il m'a répondu sans hésiter :

– Oui, c'est une maladie des yeux.

– As-tu seulement ouvert ce livre ?

– Pourquoi ?

– Parce que ça n'a rien à voir avec la cataracte...

– Espèce d'idiote ! Tu n'es qu'une poupée qui ne connaîtra jamais rien à la vie ! Tout ça, c'est pour me faire du mal !

– Je te conseille quand même de lire le bouquin pour voir s'il est question de problèmes ophtalmologiques.

Maman m'a aussitôt intimé l'ordre de me taire pour éviter que la discussion ne s'envenime. Je résistais de plus en plus difficilement au besoin de provoquer Émile. Pendant des années, il m'avait traitée de tous les noms... Je prenais ma revanche. Surtout en présence de mon mari, car mon père n'osait pas trop m'attaquer quand Albert était là. Cela dit, il ne fallait tout de même pas pousser trop loin le bouchon : Émile pouvait basculer subitement dans une crise de fureur. Heureusement, il continuait à respecter la traditionnelle trêve de Noël. Avec moins de joie, toutefois. Par moments, il était ailleurs. Germaine occupait ses pensées.

À la même époque, maman a commencé à recevoir d'étranges appels téléphoniques. Des menaces.

– Des voix de femmes. On m'a dit qu'un jour je retrouverai mes enfants avec du fil de fer barbelé autour du cou, ou bien encore qu'on va les vitrioler...

Elle ne savait pas si elle devait prendre ces menaces au sérieux et, à plusieurs reprises, elle a prévenu les gendarmes. Heureusement, rien de ce qui était annoncé ne s'est jamais produit. Sauf que...

Sauf qu'Émile Louis avait encore emmené une gamine de Rouvray à la pêche. Sauf que la jeune fille était rentrée blessée, le cou lacéré par des barbelés. Des blessures qu'elle se serait faites, involontairement. Sauf que ces plaies étaient si profondes que cette petite, de treize ou quatorze ans, avait été conduite à l'hôpital. Sauf que c'était encore une pupille de la DDASS, placée par la préfecture de la Seine ! Encore et encore... Il semble que ces événements ont eu lieu avant la rencontre d'Émile et de Germaine, et la culpabilité d'Émile Louis n'est pas fermement établie. Mais on peut quand même se poser des questions...

Si Émile n'a pas été inquiété, cette fois au moins, c'est parce que les parents nourriciers n'ont pas dit que l'enfant était allée à la pêche avec lui. Maman soupçonnait d'ailleurs Émile d'avoir des relations avec Mme T., la nourrice de la fillette. Ni la gamine ni ses frères ne sont jamais retournés chez leurs parents nourriciers, qui ont été rayés de la liste des foyers d'accueil.

Il faudra un jour, sans doute, s'interroger sur les critères de sélection des familles d'accueil établis par la DASS. Comment peut-on confier un enfant en difficulté à des parents nourriciers après un simple entretien d'un quart d'heure avec un psychologue de l'Action sanitaire et sociale ? Dans les années cinquante-soixante, il existait au moins des visites de contrôle inopinées. Vingt ans plus tard, les inspecteurs prenaient rendez-vous ! Je me souviens que Germaine les accueillait avec les petits fours d'un excellent traiteur local. La question se réglait autour d'une tasse de thé.

La liaison d'Émile et de Germaine était de notoriété publique. Mon père a fini par quitter notre maison pour vivre en concubinage avec sa maîtresse. Maman en a beaucoup souffert. Aimait-elle toujours Émile ? En tout cas, elle ne supportait pas l'idée qu'un mariage soit brisé : « Quoi qu'il advienne, une femme ne divorce pas ! » disait-elle. Si bien qu'elle en arrivait à trouver des excuses à son mari.

– Tout est la faute de cette femme ! Il n'y est pour rien. La Germaine l'a entortillé, voilà tout ! Il est complètement sous son emprise, ça se voit !

Elle avait raison sur un point : Germaine avait de la poigne et les pieds sur terre. C'était une maîtresse femme. On la disait méchante. Son mari, qu'elle accusait d'être alcoolique, avait fait une tentative de suicide, peut-être parce qu'il ne supportait plus la manière dont elle le traitait. Quoi qu'il en soit elle menait bien sa barque. Ses revenus semblaient confortables et Émile Louis ne s'aventurait pas à la rançonner. Germaine ne ressemblait vraiment pas aux autres conquêtes de mon père qui, toutes, souffraient d'une disposition à la soumission. Même au lit, si j'en crois Émile, elle décidait « du quand, du comment et de combien de fois ». Je n'imagine pas qu'il ait pu se livrer sur elle à ses habituelles manies perverses. Germaine n'était pas du genre à se laisser faire. En revanche, il n'est pas impossible que les réticences de sa maîtresse aient engendré une frustration chez Émile. Au point de le faire basculer dans une dérive meurtrière ? Qui sait ? Six des disparitions se sont produites en 1977, l'année où Émile a quitté la maison pour vivre avec sa maîtresse. Puis, d'après la presse, trois autres jusqu'à son interpellation en 1981 et sa séparation d'avec Germaine.

Le plus troublant, c'est de constater qu'après chaque disparition Émile est allé voir maman, même lorsqu'il ne vivait plus avec elle. Elle prétendait avoir coupé les ponts, mais elle le recevait à la maison. En fait, elle avait conservé un certain ascendant sur lui et je ne peux m'empêcher de penser qu'elle en savait beaucoup plus long sur Émile qu'elle ne l'avouait... Aurait-elle pu parler, à cette époque ? Oui, évidemment. Est-ce que ça aurait changé quelque chose ? Sincèrement, j'en doute. Quelles preuves aurait-elle apportées ? De toute façon, je ne pense pas que ce soit pour cette raison qu'elle s'est tue. Elle était avant tout très préoccupée par le qu'en-dira-t-on. Une sensibilité proche de la paranoïa. Quand les gens se taisaient soudain sur son passage, elle avait l'impression qu'ils médisaient sur son compte. Elle a préféré le silence au déshonneur. Et elle a poussé très loin la dissimulation, en particulier dans l'affaire de la disparition de Bernadette Lemoine. Oui ! Lemoine. La sœur de Françoise, maîtresse d'Émile, disparue elle aussi en 1977.

Un jour, à la fin du mois de juillet 1977, je me trouvais seule avec ma fille, Patrick et Céline, chez ma mère. Maman était sortie faire des courses avec Albert. Émile avait déjà quitté la maison pour se mettre en ménage avec Germaine. On a frappé à la porte. Je suis allée ouvrir et je me suis retrouvée face à deux individus peu engageants. Ils m'ont dévisagée, puis l'un d'eux a demandé :

– Je suis bien chez Émile Louis ?

– Oui, enfin, presque... Je suis sa fille. Pourquoi ?

– Parce que votre père a emmené ma femme, Bernadette, travailler dans son restaurant à Malay-le-Petit. J'y suis allé et elle n'y est pas ! Je veux savoir où elle est...

– Vous devez certainement faire erreur, Émile n'a jamais eu de restaurant.

– Si ! Il a un routier là-bas.

– Écoutez, tout ça ne tient pas debout. Mais si vous tenez à lui parler, il habite maintenant là-bas...

Je leur ai désigné la maison de Germaine et ils sont partis. Je les ai regardés s'éloigner avant de refermer la porte. Qu'est-ce qu'Émile avait pu faire et pourquoi avait-il inventé cette histoire de restaurant ?

Une semaine s'est écoulée avant que je le revoie, et je lui ai demandé s'il avait vu ces deux types. Il a eu l'air étonné.

– Non, pourquoi ? C'était qui ?

– Le mari de Bernadette Lemoine et un copain. Qu'est-ce c'est que cette histoire de restaurant ? Qu'est-ce que tu fabriques encore avec cette Bernadette ?

– J'ai été obligé de cacher sa femme parce que son mec l'a tondue.

– Tu t'imagines que je vais gober une histoire pareille ? On n'est plus à la Libération !

– Si, si, je te le jure sur la tête de tes frères !

– Quand tu fais ça, c'est que tu mens comme un arracheur de dents, alors je préfère ne rien entendre...

– Tu comprends pas : il est méchant avec elle, et moi, je suis obligé de la cacher.

– Ah, oui, j'oubliais... Le défenseur de la veuve et de l'orphelin ! Si j'ai un conseil à te donner, cache-la bien, parce que s'ils la retrouvent, et s'ils te retrouvent avec elle, cette fois, je doute fort que tu t'en sortes !

Mon père est devenu pâle. Il avait la trouille et ça se voyait.

Le mari de Bernadette a d'ailleurs fini par le trouver. J'ignore ce qu'Émile a pu lui raconter pour éviter de se faire massacrer, d'autant qu'il fréquentait effectivement sa femme et, selon toute vraisemblance, lui donnait souvent de l'argent. Oui, encore une fois, Émile s'en est tiré...

Pas la malheureuse Bernadette. Disparue, comme sa sœur Françoise...

Le Serein, qui n'a cessé de redessiner ses berges depuis un quart de siècle, a-t-il servi de dernier linceul à cette jeune femme de dix-huit ans trop confiante ?

Longtemps après cet incident, maman m'a avoué qu'Émile lui avait confié, à cette époque, un carton contenant un pick-up et des disques. Il lui avait demandé de le lui garder. Maman pensait que ces affaires appartenaient à l'une de ses maîtresses. Bien qu'il ait déserté le domicile conjugal, elle ne voulait pas qu'il ait d'histoire avec sa concubine à cause de frasques anciennes. Mais elle s'est rendu compte que le nom de Bernadette Lemoine apparaissait sur les pochettes de disques. Je lui ai demandé ce qu'elle avait fait de ce carton. Elle m'a dit qu'elle l'avait rendu à Émile.

Vingt d'ans plus tard, j'ai découvert qu'elle m'avait menti. Céline m'a affirmé, ainsi qu'aux gendarmes, que maman avait conservé ce carton très longtemps, et qu'elle s'en était débarrassée lorsque l'affaire des disparues de l'Yonne avait éclaté. Quand je l'ai su, maman était déjà trop malade pour que je me sente le courage de la harceler. Je ne lui en ai pas parlé.

Mais le fait est qu'elle a sciemment détruit des pièces à conviction dans une affaire de meurtre. Des preuves contre Émile Louis.

*
**

Deux ans après qu'Émile s'était mis en ménage avec Germaine, une mineure de seize ans a disparu. Elle s'appelait Martine Renault et était, elle aussi, pupille de la DASS. Le 26 septembre 1979, elle avait quitté le foyer de la maison d'enfants de Montmercy, à Saint-Georges-sur-Baulches, et n'avait plus donné signe de vie.

L'enquête pour « fugue de mineure » a été confiée au sous-officier de gendarmerie Jambert. Ses premières constatations lui ont permis de rédiger un procès-verbal indiquant une « disparition suspecte » au parquet d'Auxerre. Émile s'est très vite retrouvé dans le collimateur. D'abord, il connaissait bien Martine Renault puisqu'il la transportait quotidiennement de la maison d'accueil à son établissement scolaire. Les témoignages prouvaient qu'il avait été vu à proximité du foyer au moment du départ de Martine. Et puis, quelques jours avant sa disparition, la jeune fille avait dit à plusieurs personnes de son entourage qu'elle allait enfin faire la connaissance de sa mère biologique grâce au chauffeur de car. Émile s'était proposé de la conduire chez celle-ci en voiture. Mais elle avait aussi raconté à des camarades qu'Émile se livrait a des attouchements sur elle pendant les trajets.

Entendu dans le cadre de cette enquête, Émile Louis a nié avoir emmené la mineure où que ce soit. Il a prétendu se trouver près du foyer parce qu'il cherchait son chien qui s'était échappé. L'enquête a néanmoins établi qu'Émile avait été inquiété à plusieurs reprises et même interpellé – puis mis hors de cause – pour des faits plus ou moins similaires, des affaires de mœurs. Pourtant, la procédure, transmise le 15 octobre 1979, a été mise en attente pendant six semaines avant d'être classée sans suite le 4 décembre de la même année. Contre l'évidence, le parquet d'Auxerre a finalement retenu l'hypothèse d'une fugue.

*
**

Je n'en pouvais plus de cette ambiance épouvantable. Je voulais partir, le plus loin possible d'Émile, de ma mère, de ces affaires sordides. Je voulais surtout trouver un moyen de m'occuper de ma fille sans que personne ne soit là pour m'en empêcher. Alors, j'ai poussé Albert à passer un concours administratif. J'espérais qu'il serait nommé à l'autre bout de la France. Il avait une chance, car les anciens militaires qui obtenaient la moyenne étaient admis d'office dans la fonction publique. C'était jouable, à condition de lui faire travailler l'épreuve de dictée. Il s'est soumis à cette discipline et, quelque temps plus tard, il a manqué de peu les Eaux et forêts. Je m'en suis réjouie en silence, car je ne tenais pas à me retrouver seule avec lui dans une maison forestière isolée ! Finalement, il a intégré le ministère des Finances et, à l'issue d'une formation accélérée, on l'a bombardé dans la circonscription administrative de Metz. J'ai aussitôt bouclé mes valises... Et celles d'Eugénie !

– 13 –

LE PRIX DE LA LIBERTÉ

Mon départ était une fuite. J'avais besoin de prendre le large, même si je savais que je portais le poids de ce qui s'était passé dans l'Yonne. L'horreur me suivait. L'ombre d'Émile collait à ma vie... Mais je pouvais respirer... RESPIRER !

Albert avait été nommé dans une ville de la circonscription de Metz, à proximité de la frontière allemande. La vie y était paisible. Je connaissais enfin le bonheur d'être mère, au plein sens du terme. Je me détendais. Les trois premiers mois ont été agréables. Ensuite... Mon mari a repris ses bonnes vieilles habitudes : il s'est trouvé une maîtresse attitrée, sans chercher le moins du monde à dissimuler sa liaison, ni même à se priver d'aventures surnuméraires. Il avait mis au point un stratagème pour faire des conquêtes. Dans son bureau, il recevait en priorité les femmes. Lorsqu'il estimait qu'il avait une chance de séduire, il conservait une pièce du dossier de la contribuable et la lui rapportait à domicile. Il s'assurait auparavant que ces dames se trouveraient seules... Cependant, il arrive même aux meilleurs chasseurs de commettre des erreurs sur les réactions du gibier.

Un jour, l'amant d'une dame – car elle en avait déjà un – a fait irruption au mauvais moment. C'était un routier, un Hercule, qui a flanqué à Albert la plus belle correction qu'il ait jamais reçue. Une autre fois, mon mari a tenté le diable auprès d'une Gitane qui n'a pas apprécié ses façons. Toute la famille a envahi les bureaux de l'Administration fiscale et il a fallu l'intervention du personnel pour calmer les esprits et sauver Albert. Amusant, sans doute, sauf pour moi. La coupe était pleine !

À la fin du juillet 1980, sept mois après notre installation, je me suis retrouvée un jour à la porte de la maison. Albert était parti en vadrouille sans me laisser la clé. À son retour, j'ai protesté. Il a mal pris mes reproches et m'a envoyé une belle paire de gifles. Deux de trop ! Le soir même, à la tombée du jour, j'ai fait ma valise et j'ai demandé à l'une de nos relations, Bernard, de nous conduire, ma fille et moi, jusqu'à Metz. Je suis allée sonner une heure plus tard à la porte d'un foyer pour femmes battues où l'on m'a accueillie. Je ne suis pas restée assez longtemps pour faire le tour de cet enfer en réduction, mais je peux témoigner que les éducatrices y assument une tâche écrasante.

J'ai eu la chance de pouvoir m'inscrire à la faculté pour des cours du soir d'histoire et de droit et de trouver rapidement un travail de secrétariat dans une banque, et je me suis mise en quête d'un petit appartement. Malheureusement, il me manquait l'argent de la caution. Bernard, le garçon qui avait eu la gentillesse de me conduire le fameux soir où j'avais fui Albert, m'a proposé de m'aider, sans me poser la moindre question. Je m'étais décidée à l'appeler et il avait aussitôt répondu à mon attente, toujours avec discrétion. Grâce à lui, je pouvais envisager d'emménager quelque part. Restait le problème de la garde d'Eugénie. Je ne pouvais pas travailler et m'occuper d'elle en même temps. La faire garder poserait à coup sûr des problèmes financiers, mais surtout j'étais épouvantée à l'idée de la confier à une inconnue.

Finalement, j'ai autorisé Albert à venir voir sa fille – je ne me reconnaissais pas le droit de la priver de son père –, et il l'a emmenée chez ma mère, à Villefargeau. Ce n'était peut-être pas la meilleure solution, mais c'était, dans l'immédiat, la plus simple.

La séparation d'avec mon mari avait été houleuse et, en m'entendant prononcer le mot de divorce, maman avait pris le parti d'Albert qui, lui, le refusait absolument. Très vite, Eugénie s'est retrouvée au cœur d'un champ de bataille. Décidément, le droit à la liberté est hors de prix...

Mon mari n'a pas hésité à dire aux gendarmes que je l'avais trompé. Un mensonge de plus. J'avais pourtant pris ma décision seule, en conscience. Il n'y avait personne dans ma vie à cette époque. Étant donné la surveillance dont j'avais bénéficié, je ne voyais pas très bien comment j'aurais pu avoir des aventures. Néanmoins, j'ai dû répondre à une convocation car j'avais abandonné le domicile conjugal. J'ai pris soin de me montrer irréprochable pour ne pas être séparée de ma fille. Et j'ai eu raison de me méfier ! Maman m'a fait savoir qu'elle ne me rendrait pas la petite tant que je n'aurais pas renoncé au divorce... Alors qu'elle venait elle-même de divorcer d'Émile et de reprendre son nom de jeune fille, Delagneau.

La procédure a traîné pendant deux ans... Deux ans pendant lesquels maman a refusé de me rendre Eugénie. Un jour, elle a même incité Albert à demander une enquête sur mon mode de vie. Elle voulait absolument que l'enfant lui soit confiée... Heureusement, l'enquêteur qui s'est occupé de moi était un magistrat à la retraite, très au fait de ce genre de situation, avec une solide expérience des travers de l'âme humaine... Deux semaines plus tard, un courrier officiel intimait à ma mère l'ordre de me restituer Eugénie. Grâce soit rendue à cet homme : sa décision ne m'a pas seulement permis de retrouver ma fille, elle m'a rendu ma dignité.

Après le chantage innommable auquel je venais d'être soumise, j'ai dû affronter les reproches de mes frères et sœur auxquels, bien entendu, on s'était abstenu de présenter la situation sous son véritable jour. Selon eux, j'aurais laissé ma fille aux bons soins de ma mère pendant deux ans pour ne pas avoir à m'en occuper. Un comble !

Pendant ces années difficiles, j'ai appris à mieux connaître Bernard, à apprécier sa compagnie, non pas parce qu'il me délivrait de ma solitude, mais en raison de ses profondes qualités humaines. Nous nous sommes revus, de plus en plus régulièrement. Sa discrétion m'étonnait, sa pudeur et son respect des autres encore plus. Il avait approché Albert professionnellement, avait été témoin de ses agissements ; mais Bernard ne le critiquait pas, ne faisait pas allusion à ses frasques. Je n'étais pas habituée à cette élégance ! Bernard était calme, modéré, solide, de bon conseil, fiable et plein d'humour. Au fil du temps, nos relations ont évolué. De la simple amitié à l'amitié amoureuse.

Mon divorce a été prononcé en 1983. Bernard et moi avons décidé d'habiter ensemble en janvier 1984. Un mois plus tard nous nous sommes mariés, un soir, vers 18 heures, avec deux copains policiers pour témoins. Une cérémonie intime, sans les familles. Les parents de Bernard, catholiques fervents, n'acceptaient pas que leur fils épouse une divorcée, et ma mère réprouvait notre union. Elle avait été claire :

– Celui-là, pas question qu'il entre chez nous !

Impossible de lui faire entendre raison. Son gendre, c'était Albert ! Même si ce dernier venait d'être muté à Troyes et avait emmené avec lui celle avec qui il se consolait de son divorce. Nous restions en contact, car je tenais à ce que ma fille continue de voir son père. Même si, par la suite, Albert ne s'est guère montré un père attentif ni aimant : de dix à dix-huit ans, Eugénie n'a eu aucun contact avec lui. Mais avant cette période, j'emmenais ma petite chez maman et Albert venait la chercher. C'était Bernard qui nous conduisait à Auxerre, avec abnégation, car ma mère refusait de le laisser franchir le seuil de sa maison. Il ne s'en formalisait pas, assurait que les choses s'arrangeraient avec le temps. Il avait raison.

Le souci de mon mari, c'était d'abord Eugénie. Eugénie qui lui échappait. Elle n'avait pas encore trois ans lorsque Bernard et moi nous étions connus. Très vite, elle l'a considéré comme un père. Elle a été élevée et entourée avec la même affection et les mêmes attentions que son frère et sa sœur, Arnaud, né en juillet 1985, et Joséphine, née en novembre 1989. Et l'exemple de Bernard était meilleur pour elle que celui de son géniteur.

– 14 –

UN CADAVRE SOUS UN TAS DE FUMIER : « L'AFFAIRE DES DISPARUES » COMMENCE

Pendant que je m'efforçais de ne penser qu'à l'avenir, les échos des drames de l'Yonne me rejetaient sans cesse dans le passé. Ces « choses qui ne devaient pas sortir de la famille » se trouvaient déversées sur la place publique...

Tout a commencé le 5 juillet 1981, quand un corps humain, nu et en état de décomposition avancée, a été découvert sur la commune de Rouvray. Il gisait sous un tas de fumier, dans un hangar agricole servant d'abri à bestiaux. Ce cadavre était celui d'une femme. Dans un premier temps, les enquêteurs ont imaginé que cette dépouille pouvait être celle de Martine Renault, disparue le 26 septembre 1979. Mais ils ont aussi procédé au recensement des autres personnes ayant disparu dans la région d'Auxerre. Et ils ont établi une liste de sept noms : Christine Marlot, Jacqueline Weiss, Françoise et Bernadette Lemoine, Madeleine Dejust, Chantal Gras et Martine Renault. Toutes déficientes mentales légères, pupilles ou anciennes pupilles de l'État. Deux d'entre elles étaient mineures, et quatre avaient fréquenté l'Institut médico-éducatif de Grattery, l'établissement qui utilisait les services du bus conduit par Émile Louis. À l'exception de Martine Renault et de Jacqueline Weiss, les autres jeunes femmes n'avaient jamais été recherchées auparavant. Ce n'est qu'en 1981 qu'elles ont été inscrites au fichier des personnes disparues et que l'on a tenté de retrouver leur trace, dans toute la France, par tous les moyens habituels (caisses de Sécurité sociale et d'Allocations familiales, hôpitaux, maternités, état civil, ANPE, Assedic...). Cette quête est restée vaine. La piste de la prostitution a aussi été explorée, sans succès.

Bien sûr, ma mère a été entendue. On l'a interrogée sur les rapports d'Émile avec les disparues. Elle a dû raconter ce qu'elle savait de la disparition de Jacqueline Weiss : son absence à l'entretien d'embauche, son départ, la carte postale... Autant d'éléments à charge contre Émile. Dans le cas de Martine Renault, c'était encore plus grave. Émile était venu voir maman, alors qu'ils étaient déjà divorcés, pour lui demander de lui fournir un alibi. Il l'avait suppliée, les larmes aux yeux. Si on l'interrogeait, elle devait prétendre qu'il était avec elle au moment où la jeune femme avait disparu !

Finalement, le corps découvert à Rouvray était celui de Sylviane Durand-Lesage, une jeune femme mariée de vingt-trois ans. Dans son enfance, elle avait été abandonnée et placée chez Germaine, l'assistante maternelle, accompagnatrice dans les bus... et concubine d'Émile. Sylviane ne donnait plus de nouvelles depuis six mois, mais personne ne s'en était ému, et surtout pas son mari qui purgeait alors une peine de prison. Des témoins prétendaient qu'on l'avait vue fréquemment en compagnie d'Émile. Certains affirmaient qu'elle était sa maîtresse.

Considéré comme un proche de la victime, mon père a donc été interpellé, placé en garde à vue et finalement inculpé d'homicide volontaire, le 28 décembre 1981. Le lendemain, il a été écroué.

Émile Louis a nié, bien sûr... Mais à sa façon !

– Je n'ai rien à voir là-dedans. Moi, les femmes, je n'y touche pas. Je ne touche qu'aux petites filles.

C'était sa défense : pour écarter l'accusation de meurtre, il a confessé sa pédophilie. Il a avoué spontanément s'être livré à des attouchements et violences sexuelles sur des fillettes de huit ans, en nourrice chez sa concubine. Il a reconnu avoir eu des rapports sexuels avec une autre enfant de moins de quinze ans. Selon lui, il était sujet à des pulsions violentes incontrôlables.

On l'a interrogé sur les sept disparues. Il a dû admettre qu'il les connaissait toutes, qu'elles avaient été ses maîtresses. Dans plusieurs cas, il était l'une des dernières personnes à les avoir rencontrées avant leur disparition.

Moi aussi, j'ai été entendue par les gendarmes. Ils souhaitaient que j'identifie des vêtements censés avoir appartenu à la victime. Le jour de la convocation, ils m'ont présenté une gaine culotte, visiblement achetée au supermarché local, et une paire de chaussures noires, vernies, avec une étiquette du magasin « André » collée à la semelle. On m'a demandé si je les reconnaissais.

– J'ai dû voir Sylviane Durand deux ou trois fois en tout et pour tout, ai-je répondu. Je ne vois pas comment je pourrais vous dire si un sous-vêtement de ce style lui appartenait... Par contre, les articles que vous me montrez sont neufs, je doute qu'elle les ait portés. S'ils avaient été sur le corps, ils auraient été dans un plus sale état...

On ne m'a pas répondu, mais on m'a posé une autre question. Celle-là m'a fait l'effet d'un coup de poing à l'estomac. Pourtant, je m'y attendais. Mais c'est une chose que d'y penser, c'en est une autre de l'entendre :

– Selon vous, votre père est-il capable de tuer ?

Je connaissais la réponse. Émile me l'avait donnée quand j'avais onze ans, cette nuit où j'étais partie à sa recherche dans le petit bois de Saint-Florentin. J'ai eu la vision de cette malheureuse éventrée sous mes yeux. J'ai pensé à son corps que personne n'avait cherché... Et puis je me suis ressaisie. Je me suis accrochée à l'idée que mon père ne devait plus être capable d'une telle monstruosité. Mais au fond de moi, je savais que c'était faux. Je le considérais déjà comme un grand malade, peut-être irresponsable, sans doute psychopathe, infiniment dangereux... Oui, mon intime conviction était qu'il avait tué Sylviane Durand-Lesage...

J'ai dû marquer un silence devant les gendarmes, pas plus de trois ou quatre secondes. Et puis, j'ai répondu :

– Je ne crois pas... Il est capable de bien des choses mais peut-être pas de meurtre.

Pourquoi n'ai-je pas dit ce que je pensais ? Pourquoi ? J'avais donné ma parole à maman et je l'ai tenue ; elle nous avait demandé à tous de nous « serrer les coudes » et je l'ai fait. Mais ce n'est pas la seule raison. J'étais incapable, à l'époque, de faire face à cette responsabilité énorme qui consistait à accabler mon père. À ce moment précis de mon existence, alors que je sortais d'un combat terrible pour échapper à l'emprise de la famille, pour récupérer ma fille, je ne pouvais pas supporter la charge morale d'une accusation contre Émile. Je sortais de l'enfer et je commençais à peine à vivre une vie normale ! C'était trop me demander.

Néanmoins, j'ai donné aux enquêteurs les noms de certaines des anciennes maîtresses d'Émile. Dont celui de Jocelyne Boulanger, que mon père avait droguée à Villefargeau. Elle a été convoquée à la gendarmerie au début de l'année 1982. Son témoignage a été sans nuance :

– Émile Louis m'a séquestrée. Il m'a battue et fait subir des actes de torture.

Elle a affirmé qu'il l'avait emmenée à plusieurs reprises dans une cabane qu'il possédait au milieu des bois pour se livrer avec elle à des mises en scène sadomasochistes. La mère de Jocelyne, qui semblait elle aussi connaître Émile Louis, a raconté de son côté que mon père affirmait « n'être pas gêné de transporter des cadavres dans sa voiture ».

J'ai espéré qu'une autre maîtresse d'Émile témoignerait, mais elle a choisi de se taire. Pourtant elle en aurait eu, des révélations à faire, cette fille ! Elle était issue d'une famille de dix-huit enfants qui vivaient dans des appartements mitoyens. Les parents voulaient plus de vingt gosses, parce qu'au-delà de deux dizaines de rejetons, le député maire, Jean-Pierre Soisson, offrait une maison ! La mère a donné naissance à des dégénérés et, finalement, elle en est morte. Ce n'était plus du Zola mais du Dickens. Cette fille s'est tue, mais des témoignages contre Émile, il y en a eu des dizaines d'autres.

Dans l'affaire de la disparition de Françoise Lemoine, survenue en juillet 1977, sept ou huit personnes ont été interrogées. La première a reconnu Émile Louis sur photo comme étant l'homme qui conduisait Françoise le matin à son travail, aux abattoirs. Une ancienne collègue de la jeune femme a confirmé la relation de Françoise avec Émile : il venait la chercher le soir et la ramenait parfois le matin. Françoise logeait près des Rapides de Bourgogne où travaillait Émile. Elle occupait, à Auxerre, une chambre du Niki-Bar. La gérante de cet hôtel connaissait bien sa locataire. Elle lui avait été présentée par Émile Louis... qui était venu chercher les affaires de Françoise après sa disparition. Il prétendait savoir où elle se trouvait.

Après le départ de Françoise, son employeur avait reçu une lettre. Elle était signée de la jeune femme, et demandait que son salaire soit envoyé à l'adresse de ses anciens parents nourriciers, près de Vézelay. L'employeur doutait que Françoise ait écrit cette lettre. Il n'avait reconnu ni l'écriture ni, dans les termes, « la personnalité » de son employée. Une des sœurs de Françoise – elles étaient quatre – a affirmé que celle-ci venait souvent voir leur mère, à Chablis, en compagnie d'un chauffeur de car nommé Louis. La quatrième sœur avait entendu dire que Françoise et Bernadette auraient vécu ensemble « dans la même chambre louée par Louis qui les fréquentait toutes les deux ».

La déposition la plus troublante a été faite par le propre frère nourricier de Françoise. Il a expliqué que la jeune femme avait quitté son travail et qu'elle était venue se réfugier dans sa famille d'accueil. « On sentait qu'elle se cachait de quelqu'un », a-t-il raconté. Elle y est restée pendant un mois. Puis sa mère naturelle, accompagnée par Émile, serait venue la chercher de force. Françoise aurait paru être effrayée par Émile. Son frère nourricier ne l'avait plus jamais revue.

Chantal Gras, elle, avait disparu un soir en revenant de l'école. Elle avait à la fois une nourrice, une famille d'accueil et... une mère naturelle ! Selon sa nourrice officielle, « c'était une jeune fille sérieuse » qui n'avait en tête aucun désir de fugue. Quand sa mère naturelle venait la voir dans sa famille d'accueil, elle était accompagnée par Émile. Le jour de sa disparition, la famille d'accueil avait apporté à la nourrice les vêtements et les objets personnels de la jeune fille, soigneusement rangés dans des sacs, ou des cartons. Émile leur servait de chauffeur. Un garçon de la DASS, placé dans la même famille d'accueil que Chantal, avait vu celle-ci dans la voiture d'Émile. Le soir de sa disparition, à la sortie de l'école, ce même garçon avait d'abord vu Chantal s'éloigner en direction d'Auxerre, puis il avait reconnu Émile, dans sa voiture, prenant la même direction, vers 21 heures.

La disparition de Madeleine Dejust ressemblait étrangement à celle de Chantal. Madeleine avait quitté sa nourrice vers 7 heures du matin à bord de la voiture d'Émile. C'était au mois de juillet. Normalement, Émile aurait dû la ramener vers 19 h 30. Elle n'était pas rentrée. Après l'avoir recherchée longuement, ses parents nourriciers avaient alerté les gendarmes. Ces derniers avaient cru à une fugue. Madeleine était majeure et il n'y avait pas eu de recherches. Détail insolite, ce soir-là Émile ne s'était pas présenté à la gare routière pour emmener ses autres clients, comme il aurait dû le faire. Il n'était pas non plus rentré à la maison. Maman ignorait où pouvait se trouver son mari.

Dans le cas de Martine Renault, qui rêvait de revoir sa mère naturelle grâce à Émile, le directeur adjoint du centre où elle séjournait avait été formel : à cause de sa déficience intellectuelle, Martine était incapable de mettre au point une fugue. Et puis les garçons de la maison d'enfants qui jouaient dans le bois voisin avaient rencontré Émile, lequel ensuite avait prétendu chercher son chien... avant de se réfugier chez ma mère pour qu'elle lui serve d'alibi !

*
**

Comme on le sait, toutes les disparues étaient pupilles de la DASS. Quatre d'entre elles fréquentaient Villefargeau, d'une façon ou d'une autre. Elles avaient toutes laissé leurs affaires derrière elles. Françoise Lemoine et Sylviane Durand-Lesage auraient même abandonné leurs enfants dont elles s'occupaient pourtant d'habitude. Elles connaissaient toutes Émile plus ou moins intimement. Il est à chaque fois l'une des dernières personnes à les avoir vues vivantes. Et un témoin a fait remarquer qu'aucune disparition n'avait été signalée à Villefargeau depuis qu'Émile Louis a cessé de conduire le bus... Pourtant, la justice a considéré que ces éléments ne permettaient pas de mettre mon père en cause. Inculpé d'homicide volontaire sur la personne de Sylviane Durand-Lesage, il a finalement bénéficié d'une ordonnance de non-lieu, le 4 mai 1984. Heureusement, l'année précédente, il avait été condamné à quatre ans d'emprisonnement pour « attentats à la pudeur avec violence par personne ayant autorité », des violences sexuelles qu'il avait infligées aux enfants confiés à sa concubine... Enfin, Émile était derrière les barreaux ! Mais il avait échappé au pire.

Sans doute doit-il une fière chandelle à l'épouse du directeur d'un des établissements spécialisés pour lequel il travaillait. Le témoignage de moralité qu'elle a délivré a pesé lourd dans la balance. Selon elle, Émile était un homme à l'apparence joviale, « ouvert » et « compréhensif » avec les handicapées... Quand on pense que cette ancienne éducatrice était chargée du suivi familial au foyer Grattery d'Auxerre, où quatre des sept jeunes femmes disparues entre 1977 et 1979 étaient pensionnaires ! Pour autant qu'il m'en souvienne, elle n'a pas remué ciel et terre pour essayer de les retrouver.

L'affaire des disparues de l'Yonne a eu au moins une conséquence positive : un éclairage nouveau sur les institutions et les personnes chargées des jeunes en difficulté. Une amélioration à mettre au bénéfice de Pierre Monnoir, dirigeant de l'Association de défense des handicapés de l'Yonne (ADHY). Car ce qui a été découvert est honteux. L'Inspection générale des affaires sociales (Igas) a été contrainte de pêcher en eaux troubles. On a appris que le mari de la directrice de l'établissement d'accueil qui avait témoigné en faveur d'Émile, cofondateur de l'Apajh-Yonne (Association pour adultes et jeunes handicapés), avait écopé, en 1992, de six ans de prison ferme pour « attentat à la pudeur sur personne vulnérable par personne ayant autorité ». Le rapport de l'Igas, établi en juillet 1993, a souligné, lui, l'« incompétence » de la directrice et son « comportement très libre, à la limite de la légèreté des mœurs » au sein de son établissement. À cette époque, n'aurait-il pas été utile de reconsidérer la « moralité » de son témoignage en faveur d'Émile ? Mais non, rien n'a bougé ! Le silence une fois de plus ! Pendant huit ans encore... Ce n'est qu'en décembre 2000 qu'Émile Louis a été mis en examen pour enlèvement et séquestration. Deux mois plus tard puis en février 2001, nouvelles mises en examen pour viols et actes de barbarie sur sa dernière épouse et la fille de celle-ci.

La directrice, témoin de « moralité » de mon père, a été finalement placée en garde à vue le 12 juillet 2001 pour s'expliquer sur le traitement qu'elle réservait aux jeunes du foyer qu'elle dirigeait. Mais, pour en arriver là, il a fallu un second rapport de l'Igas qui évoquait la possibilité de « poursuites pénales », car elle abusait de la vulnérabilité et de la situation de dépendance de ses pensionnaires en les contraignant à travailler pour son compte personnel. L'enquête préliminaire diligentée par le procureur de la République, Marie-Suzanne Le Quéau, aurait aussi pu conduire à la mise en examen de la directrice. Finalement, celle-ci a été licenciée... Avec une indemnité de plus d'un million et demi de francs (soit environ deux cent trente-quatre mille euros) !

C'est scandaleux. Mais l'on n'a toujours pas mis au jour l'ignominie qui fait le socle de cette affaire : le fait de considérer les enfants, surtout les débiles légers et les handicapés, comme du « matériel » sexuel mis à la disposition de toutes les perversions. L'Inspection générale des affaires sociales a répertorié, au cours des dix dernières années, plus de dix affaires à connotations sexuelles, « réelles ou alléguées ». Dans sa conclusion, l'Igas estime qu'en « refusant de tirer toutes les conséquences des multiples incidents de violence ou d'abus sexuels survenus dans l'association, ses responsables entretiennent une atmosphère de permissivité avec une forme de perte des repères moraux ». Et l'on peut craindre que ses membres n'aient vu que la partie émergée de l'iceberg. Une éducatrice d'un autre foyer de la région avait écrit au procureur de la République au sujet d'un pensionnaire déficient mental qui s'était plaint d'avoir été abusé sexuellement par un veilleur de nuit en 1994. Elle concluait par cette phrase : « Je pense que les adultes handicapés hébergés dans les foyers du département sont en danger. » Résultat : la plainte déposée par la jeune victime a été retirée un mois plus tard... à l'incitation de la directrice de l'établissement en question !

Pendant vingt-cinq ans, nombre de ces affaires se sont enlisées alors que les autorités étaient alertées d'une façon ou d'une autre : la DASS, la justice, les gendarmes. Même l'opinion publique. On parle aujourd'hui de dysfonctionnements de la justice et c'est heureux... Mais qui peut dire avec certitude combien d'enfants ou de jeunes adultes handicapés ont été massacrés, en toute impunité, pendant ce quart de siècle ?

– 15 –

ÉMILE LOUIS LIBÉRÉ... POUR BONNE CONDUITE !

On peut imaginer à quel point j'ai été bouleversée par cette affaire. D'abord parce qu'elle était horrible, mais aussi parce qu'elle réveillait mes propres traumatismes. Et puis, c'était de mon père qu'il s'agissait...

Ce que j'ai appris, le détail de ce qu'il a fait m'a soulevé le cœur. Émile a assouvi sans retenue ses perversions sur des petites filles comme des petits garçons placés chez Germaine... Il les a violés, sodomisés, et personne n'a rien vu, et personne n'a rien dit... L'une des petites pensionnaires avait tout juste quatorze ans. Un jour, elle a eu un accident de vélomoteur, elle s'est cassé un bras et elle a été conduite à l'hôpital d'Auxerre. En l'examinant, l'interne de service a remarqué la présence d'hématomes anciens et de sévices. Il a alerté la directrice de l'Institut médico-éducatif, qui a interrogé l'adolescente. Celle-ci a reconnu qu'Émile la frappait et exerçait sur elle diverses violences. Un peu plus tard, elle a découvert qu'elle était enceinte[1]. Était-ce la conséquence des viols d'Émile ou

1. Mentionné dans le livre de Corinne Herrmann et Philippe Jeanne, *Les Disparues d'Auxerre*, paru aux Éditions Ramsay.

l'œuvre d'un proche de Germaine ? On ne le sait pas. La gamine a été éloignée – du côté d'Arcachon. Lorsqu'elle est revenue, il n'a plus été question ni de grossesse ni d'accouchement... ni d'avortement.

Ce même proche de Germaine – grand copain d'Émile au demeurant, ainsi que de mes frères et de ma sœur – a fait un enfant à une autre fille de l'Assistance placée chez Germaine. Lorsque j'ai essayé de comprendre ce qui avait pu se passer, j'ai appris qu'il s'était séparé de celle qu'il avait engrossée. Ensuite il a fait de la prison, pour une raison que j'ignore...

Plus je posais des questions, plus les réponses m'écœuraient. Comment admettre que le médecin qui avait eu connaissance des attouchements sur les enfants ait refusé de le signaler sous prétexte « que ce n'était pas son problème » ? Pourquoi l'assesseur du juge pour enfants, informé lui aussi, a-t-il eu la même attitude ? Émile Louis lui a pourtant déclaré textuellement : « J'ai des pulsions, des fois je deviens violent, je ne peux plus me maîtriser. Je n'ai pas le courage d'aller me faire soigner. » En conséquence, l'assesseur s'est contenté d'accompagner personnellement Émile... chez un psy ! On a peine à le croire. Pourquoi n'a-t-il pas saisi sa hiérarchie ou la gendarmerie ? N'est-ce pas le devoir de n'importe quel adulte lorsque des mineurs sont en danger ?

Quand il a été condamné à quatre ans de prison en 1983, toute honte bue, Émile a fait appel ! Une proche parente, dans un élan de générosité, a décidé d'aider maman qui croyait toujours, ou feignait de croire, à l'innocence de son compagnon.

– Pour l'appel, a-t-elle expliqué à ma mère, j'ai pris contact avec Me Levy. Comme ça, il sera bien défendu.

Maman a fait la grimace :

– Il doit être cher !

– Quarante mille francs d'honoraires. Je vous fais crédit, vous me rembourserez plus tard.

Mais qui allait rembourser ? Je me suis montrée intraitable :

– Pour ce qui me concerne, ai-je dit à ma mère, pas question de payer les frais d'avocat. Émile t'a frappée, il a violé ses enfants et ceux des autres, il a commis les pires atrocités. La peine dont il vient d'écoper est justifiée.

Me Levy a néanmoins préparé la défense de mon père. Et il s'est vite rendu compte de la personnalité trouble de son client. Un jour, il a dit à maman : « Je ne peux pas m'occuper de quelqu'un qui ment. Pour que je puisse défendre un client, il faut qu'on me dise la vérité ! » Je doute qu'il l'ait obtenue. Le jour de l'audience, qui se tenait à Paris, Me Levy a été contraint de regagner la province avant que le cas d'Émile soit étudié. Son assistante a terminé la plaidoirie à sa place, avec la plus grande passivité. Et les magistrats de la cour d'appel ont aggravé la peine de mon père : cinq ans, dont un avec sursis. Le verdict aurait-il été le même si Me Levy était allé à la barre ? De mon point de vue, Émile a eu ce qu'il méritait.

J'étais allée lui rendre visite au début de son incarcération, en janvier 1982. J'éprouvais le besoin d'entendre ses explications. Nous nous sommes parlé, séparés par une cloison de verre. Nous devions nous rapprocher de l'Hygiaphone pour nous entendre. Il s'est mis à pleurer, à se lamenter. Il a prétendu qu'il était la victime innocente d'une horrible machination.

– Oui, tu comprends, a-t-il bredouillé en reniflant, c'est Germaine, elle veut se débarrasser de moi, alors elle a inventé toute cette histoire. Pourtant, moi, je ne dis pas ce qu'elle a fait aux gamins...

Je me suis insurgée :

– Qu'est-ce que tu attends ? C'est l'occasion ou jamais, puisque tu es innocent. Vas-y, dis-le !

– Non, non, ça va me retomber dessus, je ne peux pas faire ça, tu comprends ?

Non, je ne comprenais pas ! D'ailleurs, il n'y avait rien à comprendre. Ce n'étaient qu'élucubrations, mensonges et délires auxquels lui-même ne croyait pas. Pour qui me prenait-il ? J'étais venue chercher une part de vérité, une once de sincérité, un peu de honte, de compassion pour les victimes. Et surtout l'expression d'un regret. Mais non ! Il n'a même pas maudit sa propre violence, celle qui lui aurait fait perdre le contrôle de lui-même, celle qui l'aurait « poussé » à commettre ces crimes... Même pas ça ! Je me suis trouvée en face d'un égoïste, mauvais comédien, pervers, gémissant, manipulateur et dangereux. J'ai eu tort de lui rendre visite, tort de me bercer d'illusions, tort d'espérer. Je me suis trompée. Cet homme, en face de moi, c'était mon père... Aucun sentiment d'humanité sur ce visage. Je l'ai cherché en vain. Il était pitoyable, mais je n'étais plus capable d'éprouver pour lui la moindre pitié.

Je suis retournée le voir, une fois encore, avec ma sœur, mais dans la plus totale indifférence, comme anesthésiée. Alors, je n'ai pas souffert de cette visite. De toute façon, Émile ne se souciait que du sort... de son chien ! Son intérêt pour cet animal m'a surprise car, lorsque nous étions enfants, il prenait plaisir à torturer notre petite chienne Gipsy. Il la battait et faisait semblant de la tuer devant nous pour nous entendre crier. Nous étions très jeunes, cela se passait à Rouvray. Encore et toujours à Rouvray... Et là, il nous a demandé d'aller chercher son chien chez sa concubine et de récupérer en même temps ses affaires.

Germaine ne voulait plus entendre parler de lui. Ma sœur s'est chargée de la corvée et maman a hérité du chien, un berger allemand, paisible et doux. Quand on dit « tel maître, tel chien », ce n'est pas toujours vrai. Celui-là n'avait pas été pollué par la méchanceté, la brutalité et la férocité d'Émile... Ce grand chien avait peut-être trouvé le chemin pour gagner le cœur du monstre. Ce qu'aucun être humain n'a jamais réussi à faire. Pour Émile, les autres, tous les autres, étaient des esclaves.

Pendant son séjour en prison, il donnait son linge à ma sœur qui le refilait aussitôt à maman pour qu'elle le lave. Maman s'en plaignait, mais elle le faisait. Ça me mettait hors de moi ! Un jour, j'ai explosé :

– Ça suffit maintenant ! Il n'a que ça à faire en prison, alors qu'il lave son linge ! Ce n'est tout de même pas à toi de le faire ! Je te rappelle que vous êtes divorcés !

– Oui, mais il travaille, là-bas.

Dans ces cas-là, son aplomb et sa mauvaise foi me faisaient sortir de mes gonds :

– Encore heureux qu'il travaille ! Mais il a largement le temps de s'occuper de ses affaires. Alors tu vas cesser de jouer la bonniche. C'est ridicule !

Cette fois, maman m'a écoutée. Elle ne s'est plus occupée du linge d'Émile. Après avoir déjà perdu sa femme et sa concubine, mon père a perdu ce jour-là sa blanchisseuse bénévole.

*
**

J'espérais qu'il serait obligé d'accomplir toute sa peine... Mais Émile a bénéficié d'une mise en liberté conditionnelle pour « bonne conduite » ! Il est sorti en 1984. Sa concubine lui avait fait comprendre qu'il ne devait plus se présenter devant elle, puis elle avait déménagé. La DDASS lui avait enlevé la garde des enfants et l'avait rayée de la liste des familles d'accueil. En tout cas, elle avait définitivement tourné le dos à Émile.

Alors, sans prévenir, Émile a débarqué chez maman ! Elle n'était pas au courant de cette libération et elle a été si surprise de le voir qu'elle n'a pas eu le réflexe de lui claquer la porte au nez. Elle a même payé le taxi ! Mais, dès qu'elle s'est ressaisie, elle m'a appelée, à Metz.

– Ton père vient d'arriver ! Je ne veux pas qu'il couche chez moi ce soir. Viens vite, j'ai peur !

Ce jour-là, Bernard était de repos. Il nous fallait nous dépêcher si nous voulions arriver avant la nuit. Le temps de rassembler quelques affaires et nous avons pris la route, avec Eugénie. Dans notre 4-L, il nous a fallu près de sept heures pour rejoindre Villefargeau...

Nous y avons trouvé Émile confortablement installé dans un fauteuil. Comme chez lui ! Je ne lui ai pas laissé le temps de respirer.

– Qu'est-ce que tu fais là ? Tu n'as rien à faire dans cette maison !

Il ne s'est pas laissé démonter.

– C'est « ma » maison.

– Non ! ai-je répliqué. Ce n'est plus ta maison ! Tu as signé un acte de renonciation à tous tes droits sur cette maison parce que maman payait l'avocat. Tu n'as rien à faire ici, alors tu t'en vas !

Ça ne l'a pas troublé plus que ça. Il avait déjà son échappatoire.

– De toute façon, je ne vais pas rester. Je pars dans le Midi où la famille et les amis m'accueillent. Ils viennent me chercher, mais il faut que je les attende, le temps qu'ils fassent la route. Ils seront là demain.

Cette famille qui l'a tant humilié, mais qui a requis ce grand avocat parisien pour le défendre et qui maintenant vient au-devant de lui, quel paradoxe... Et « l'ancien d'Algérie », les « amis » comme il dit, ne se souvenait-il pas de leur mépris ?

– Tu ne dormiras pas ici !

– Bien sûr que si. Où veux-tu que j'aille ? T'as l'intention de me payer l'hôtel ?

Je crois que j'étais prête à m'y résoudre pour qu'il déguerpisse sur-le-champ. Mais maman m'a calmée. Elle m'a aussi fait comprendre qu'elle n'avait plus peur, puisque nous étions là, Bernard et moi. Car Bernard avait fini par avoir le droit d'entrer dans la maison ! Il n'y était pas reçu à bras ouverts, mais il n'attendait plus dans la voiture.

J'ai fini par céder, disant à Émile :

– D'accord. Dans ce cas, tu vas dormir là-bas dans le fond, et tu n'en bouges pas !

Émile a souri et il s'est levé. Il s'est éloigné sans un mot, puis il est sorti faire un tour... Il nous a même fallu l'attendre pour dîner ! Mon père était allé rendre des petites visites d'amitié aux voisins. Comme un convalescent après une longue maladie ! Il frappait à une porte et profitait de l'effet de surprise quand on lui ouvrait. Il souriait, tendait la main, entrait et s'incrustait... À sa place, je me serais cachée. Mais lui, non. Il avait envie de se montrer. Il paradait...

À table, chez nous, il a recommencé à jouer le rôle du père la vertu.

– De toute façon, ce n'est pas moi. Je suis innocent, c'est un coup monté.

Je lui ai cloué le bec :

– Garde tes salades pour ton avocat. S'il veut bien y croire, c'est son problème. Mais moi je ne veux pas entendre parler de ça !

Il n'a pas insisté, il est allé se coucher. Et il a dormi comme un loir, alors qu'il racontait à qui voulait l'entendre qu'il avait peur que quelqu'un « vienne le suicider ». Qui ? Mystère... Le lendemain matin, pour en savoir davantage, Bernard et moi lui avons fait croire que nous avions entendu des pas dans la cour pendant la nuit. Émile a ri et il s'est écrié :

– Ça m'étonnerait !

J'avais beau être habituée à ses revirements, ses mensonges à géométrie variable, ses récits contradictoires, il a encore réussi à me surprendre... Et puis, il s'est mis à raconter une histoire très compliquée où il était question d'un homme que j'étais censée connaître, qui avait été condamné pour le viol d'une infirmière, laquelle tapinait sur la route de Troyes afin d'arrondir ses fins de mois. Elle avait porté plainte et le type avait reconnu son crime... Je n'ai rien compris à cette fable, jusqu'à la conclusion d'Émile :

– Il est complètement con, ce type ! Pourquoi a-t-il avoué ? Il n'avait qu'à la boucler. C'était sa parole contre celle de la fille, et elle n'avait pas intérêt à ce qu'on sache qu'elle faisait la pute. Il s'en serait sorti les doigts dans le nez !

Là, j'ai saisi. Toute la personnalité de mon père en cinq phrases. Ça m'a fait bondir.

– Tu te rends compte de ce que tu viens de dire ? Ça signifie que quand tu clames ton innocence, en fin de compte tu es coupable !

– Je n'ai rien fait.

– Alors pourquoi as-tu avoué aux flics toutes ces saloperies auxquelles tu t'es livré sur les enfants ?

– C'était pour qu'ils me foutent la paix. Je n'en pouvais plus.

– Comment peux-tu dire une chose pareille ? Si je suis innocente, on ne me fera jamais avouer ce que je n'ai pas fait. Une garde à vue, c'est seulement quarante-huit ou soixante-douze heures, on n'est plus au temps de la Gestapo, quand même !

– De toute façon, je m'en suis bien tiré !

– Parce que tu trouves que tu t'en es bien tiré avec cinq ans ? Mais cinq ans pour quelqu'un qui n'a rien fait, c'est épouvantable, c'est intolérable ! Une heure en garde à vue, c'est déjà une heure de trop ! Le soupçon du magistrat, c'est un soupçon de trop, un affront ! Si tu trouves que tu t'en es bien tiré, c'est que tu es coupable ! J'en ai assez de t'entendre. Je vais aller à la gendarmerie d'Auxerre voir Jambert, et lui demander ce qu'il pense de tout ça.

Et je l'ai fait.

Christian Jambert, adjudant-chef de la brigade des recherches d'Auxerre, avait ouvert – je l'ai dit – une enquête sur ordre de ses supérieurs lors de la disparition de Martine Renault, le 26 septembre 1979. Il avait rejeté la thèse de la fugue et interrogé Émile, parce que celui-ci avait déjà été impliqué dans des affaires de mœurs. Et en juillet 1981, quand le corps de Rouvray avait été découvert et avant qu'on ne l'ait identifié comme étant celui de Sylviane Durand-Lesage, Jambert avait de nouveau trouvé Émile dans son collimateur : toutes les pistes conduisaient au chauffeur du car.

Jambert m'a mise en confiance tout de suite. Il avait une vision claire et complète de l'affaire et je lui ai fait part de mes soupçons concernant mon père.

– J'ai les mêmes que vous, a-t-il répondu. Vous connaissiez Jacqueline Weiss ? Il commence à y avoir des rumeurs.

– Je suis inquiète, parce que cet homme est dangereux. Il est maintenant en liberté, il est sûr de lui. J'ai peur qu'il récidive. Que peut-on faire ?

– Rien ! Toutefois, je vais vous envoyer chez le juge d'instruction. Lui seul peut décider s'il y a ou non lieu d'agir.

Alors, je me suis rendue au palais de justice. La réception a été très différente. Le juge, qui mettait de l'ordre dans ses cartons, m'a accueillie par ces mots :

– Faites vite : je suis pressé !

J'ai essayé de parler, mais le juge regardait sans arrêt sa montre et n'accordait aucune attention à ce que je racontais. Je me suis levée.

– Si ce que j'ai à vous dire ne vous intéresse pas, monsieur le juge, je m'en vais. Je n'ai aucune raison de vous faire perdre votre temps.

Si incroyable que cela puisse paraître, il n'a pas essayé de me retenir !

Le 22 juin 1984, l'adjudant-chef Jambert a rédigé un rapport accablant pour Émile, même s'il n'apportait pas de preuves de sa culpabilité. Ce rapport a été transmis en deux exemplaires au procureur de la République d'Auxerre. Et il s'est volatilisé ! Aucune information n'a été ouverte. Il faudra que l'affaire des disparues de l'Yonne resurgisse, qu'Émile soit arrêté et qu'il avoue ses crimes pour que ce fameux rapport soit extrait par miracle, vingt ans plus tard, des archives du palais de justice ! Il n'a jamais été classé officiellement et l'Inspection des services judiciaires n'a toujours pas découvert comment il avait disparu.

L'adjudant-chef Jambert a été retrouvé mort, une balle dans la tête, à son domicile, le 3 août 1997. L'enquête a conclu au suicide. Il en avait peut-être assez de ne pas être entendu.

– 16 –

L'ÉTRANGE CAMPEUR DU VAR... EN « VACANCES » EN CORSE

Émile était donc parti vivre au soleil...

Pendant près de deux ans, il a vécu dans « sa famille du Midi », comme il disait, englobant ceux qui, par le passé, le manipulaient pour qu'il vole des pommes de terre et des cartes postales. Et le copain qui s'était moqué de lui en notre présence, à cause du costume noir de paysan endimanché... Quand on prend l'habitude d'humilier, ça devient une seconde nature. Avec des gens pareils, la vie ne devait pas être rose tous les jours pour Émile.

Adroit, rapide, il aimait travailler de ses mains. Officiellement embauché comme homme de peine, il s'est occupé avec succès de l'entretien de la maison, de la réfection de la terrasse et de la piscine. En revanche, il a été un piètre serveur dans le petit restaurant de plage, les pieds dans le sable, que la famille en question possédait du côté de Sète. Il paraît que la pâte à crêpes n'était pas toujours très fraîche. Les clients se plaignaient et Émile n'essayait pas de les rassurer, au contraire.

– Vous ne vous en rendez peut-être pas compte, lançait-il à la cantonade, mais ce que vous bouffez est dégueulasse. On ne peut pas appeler ça des crêpes !

Le restaurant a fini par fermer.

Ma mère et surtout ma sœur me donnaient régulièrement des nouvelles d'Émile. Elles m'épataient ! Après ce qu'il leur avait fait endurer, elles continuaient de s'intéresser à lui. Moi, je refusais même de l'appeler. Je me rappelle m'être prise de bec à ce propos avec un cousin de passage chez maman.

– Comment, tu ne donnes jamais de nouvelles à ton père ?

– À un salaud pareil ? Non !

– Mais c'est ton père !

– Et c'est un salaud !

Sans doute, par la suite, ce cousin offusqué et donneur de leçon a-t-il changé d'avis. Quand Émile a avoué ses crimes, par exemple.

Émile a quitté sa « famille » en 1986 et s'est installé seul, près de Puget-sur-Argens, entre Fréjus et Draguignan. Il a loué un mobile home dans un camping... Et il est redevenu chauffeur de bus scolaire ! Si étonnant que cela puisse paraître, on peut violer des enfants, faire de la prison, un peu de liberté surveillée, et retrouver un emploi où l'on est de nouveau en contact avec des gamins. C'est hallucinant, mais c'est ainsi. Personnellement, je pensais que les employeurs prenaient quelques renseignements, qu'ils se garantissaient contre l'immixtion d'un pédophile. Eh bien ce n'est pas le cas ! J'ai sans aucun doute des raisons d'être plus sensible que d'autres à ce sujet mais, de mon point de vue, ce laisser-aller est criminel.

Émile n'a pas gardé ce poste très longtemps. Il a été mis à la porte après avoir tenu des propos déplacés aux enfants et leur avoir raconté des histoires scabreuses. Il n'était pas débarrassé de ses démons, au contraire...

Lors d'un séjour dans le Sud, ma sœur a appris, presque par hasard, qu'une des filles de la « famille du Midi », prénommée Patricia, ne donnait plus de nouvelles. Ma sœur a été aussitôt intriguée et elle a décidé, accompagnée par un cousin de Patricia, de rendre visite à Émile, « au vieux », comme elle l'appelait souvent. Quand elle est arrivée au camping, ses craintes se sont confirmées : elle a découvert la voiture de Patricia, soigneusement dissimulée sous les arbres. Ce véhicule n'avait pas été déplacé récemment, l'herbe avait repoussé autour des roues. Elle était garée là depuis des semaines, peut-être.

– En entrant dans le mobile home, m'a-t-elle raconté, nous avons trouvé Patricia complètement dans le cirage. Elle n'avait pas l'air normale. J'ai tout de suite pensé qu'elle devait être droguée. Elle était dans un état second, comparable à celui de Jacqueline [1] lorsqu'elle était rentrée à la maison. Tu t'en souviens, on n'arrivait pas à la réveiller, elle replongeait tout le temps. Eh bien là, c'était pareil ! Je me suis demandé si elle se shootait et j'ai regardé ses bras pour voir s'il y avait des traces de piqûres. Rien ! Alors on l'a embarquée. J'ai suggéré au cousin de rassurer les parents, de dire que tout allait bien, que nous allions passer quelques jours ensemble, et je l'ai emmenée chez moi, à Auxerre, directement. Elle n'a pas ouvert l'œil pendant tout le voyage. En fait, elle a dormi deux jours entiers.

Émile avait recommencé ! Sans doute en utilisant cette

1. Jacqueline Weiss.

saleté de Rohypnol, cette saloperie qu'il m'avait fait avaler malgré moi l'été de mes dix-neuf ans. L'effet est radical : on est consciente mais sans volonté, dans un état de faiblesse extrême et apparemment consentante. On a envie de dormir, de ne plus bouger. Surtout la victime est soumise, on peut faire d'elle ce qu'on veut.

Patricia s'est rétablie rapidement et elle s'est efforcée d'oublier cette triste aventure. Je me demande si elle a mesuré ce qui s'était passé, la chance qu'elle avait eue. Si ma sœur n'était pas intervenue... Je pense que la mort a frôlé Patricia sans qu'elle s'en rende compte.

Un autre incident, survenu dans le camping peu de temps après le sauvetage de Patricia, aurait pu attirer l'attention des gendarmes si la victime avait accepté de porter plainte. Cette femme a été retrouvée par son fils de six ans, couverte de sang, consciente mais droguée, dans le coffre de sa voiture ! Sans doute parce que c'était une Gitane et qu'elle devait nourrir une méfiance instinctive, ancestrale, pour l'autorité en général et la police en particulier, elle a refusé de porter plainte. Elle n'a accepté de raconter son histoire que des années plus tard, devant les caméras de la télévision, mais en exigeant que son visage soit masqué.

À cette époque, dans le sud de la France, Émile n'est pourtant pas inconnu des services de police. Dans le cadre de l'affaire du petit Joris – dans laquelle Francis Heaulme a été finalement impliqué –, mon père a été longuement entendu par les gendarmes. Les enquêteurs pensaient que le meurtrier pouvait avoir un complice. Curieusement, au cours de son audition Émile a déclaré : « Moi, les petits enfants, ça ne m'intéresse pas, ce qui m'intéresse ce sont les jeunes femmes. » Exactement l'inverse de ce qu'il avait affirmé quand il s'était retrouvé inculpé pour le meurtre de Sylviane Durand-Lesage !

*
**

Pendant les premières années du séjour d'Émile dans le Midi, Bernard et moi habitions toujours Metz. Cette époque a été celle de ma renaissance. Notre fils Arnaud est né en juillet 1985. J'ai vécu cette maternité comme un pas décisif vers une vie « normale ». Grâce à elle, pour la première fois, j'ai eu l'impression d'être moi-même. Ma route s'écartait résolument de celle de la famille Louis. Je venais d'avoir vingt-neuf ans, et je goûtais la sensation délicieuse de la liberté. Maman m'appelait souvent, mais depuis l'épisode « Patricia » nous ne parlions plus d'Émile. J'essayais de la convaincre de rompre tout lien avec son ex-mari. « Si tu veux être tranquille, ne lui parle plus, ne le prends plus au téléphone, et ta vie va changer. » À mon grand étonnement elle a coupé les ponts, dans une certaine mesure.

Bernard et moi commencions à nous lasser des brumes de l'Est, aussi mon mari a-t-il demandé sa mutation pour la Corse. Elle lui a été accordée en 1988. Nous nous sommes installés à Ajaccio en juillet. Je m'y suis sentie à mon aise immédiatement et nous y sommes restés pendant six ans.

Plus le temps passait, plus je me dégageais de la gangue de souffrance qui m'avait étouffée pendant mon enfance et ma jeunesse. D'abord plus personne ne me frappait, bien entendu. Et puis je n'étais plus insultée à longueur de temps. On ne m'appelait plus « salope », « putain », et autres qualificatifs qui avaient bercé mes jeunes années, et les dernières gifles que j'avais reçues étaient celles qui m'avaient décidée à sauter le pas en juillet 1980 en fuyant mon mari.

Eugénie venait d'avoir onze ans, Arnaud avait tout juste trois ans... Je peux dire que j'étais désormais une femme heureuse. Et, pour concrétiser ce bonheur, en novembre 1989, j'ai mis au monde ma deuxième fille. Nous l'avons prénommée Joséphine. Enfin une vraie famille...

Cet état de grâce a duré deux années. Mais, à l'automne 1991, un matin, ma mère m'a appelée.

– Il paraît que ton père a encore été interpellé... J'ai appris ça, presque par hasard, en appelant ceux du Sud. Cette histoire m'a tenue éveillée toute la nuit. Pourrais-tu essayer de savoir pourquoi il est en prison et l'endroit où il est détenu ?

J'ai compris qu'elle ne serait pas tranquille tant qu'on ne lui aurait pas dit la vérité et je lui ai promis de me renseigner. J'ai imaginé qu'Émile avait été arrêté dans son camping du Var et j'ai appelé la maison d'arrêt de Draguignan. J'avais vu juste : il y avait été détenu avant d'être transféré aux Baumettes, à Marseille... Et j'ai fait un bond tant ma surprise a été grande : sa condamnation remontait au 23 novembre 1989 ! Près de deux ans ! Il avait encore pris cinq ans pour « abus sexuels avec violence sur des mineurs de moins de quinze ans ». De nouveau une affaire sordide...

Au camping, Émile avait sympathisé avec un voisin en instance de divorce. Cet homme avait laissé l'appartement conjugal à sa femme et s'était installé dans un mobile home, en attendant le jugement. Ce père de famille avait accueilli ses enfants pendant les vacances scolaires. Mais, comme il travaillait, il avait été contraint de trouver un mode de garde pour ses gamins... Émile avait proposé ses services. En théorie, c'était la meilleure solution. Hélas, Émile n'avait pas changé. Il a gagné la confiance des enfants, puis il a abusé d'eux sans retenue. Il espérait, une fois encore, imposer le silence par la terreur. Mais les enfants ont parlé et leur père a porté plainte.

J'ai appelé les Baumettes et je me suis entendu dire que mon père séjournait désormais au pénitencier de Casabianda. Sur le moment, j'ai cru comprendre qu'il était à Casablanca et je me suis demandé pourquoi on l'avait extradé au Maroc. J'ai demandé à mon interlocuteur de répéter.

– Casabianda... Ça se trouve en Corse.

J'ai failli lâcher le combiné. Depuis des mois, Émile était en Corse ! Chez moi ! Entre Aléria et Solenzara, à trois heures de route d'Ajaccio...

Je me suis ressaisie et j'ai appelé le pénitencier. On m'a confirmé sa présence et, sur un ton jovial, on m'a invitée à lui rendre visite :

– Venez donc le voir quand vous voudrez.

Comme s'il passait des vacances dans un club !

– On ne va pas voir les gens en prison comme on veut, d'habitude. Il faut d'abord que je demande une autorisation au juge...

– Mais, non ! C'est pas la peine... Venez avec une pièce d'identité, ça suffira.

Je n'en revenais pas ! Les Corses ne sont pas formalistes, mais dans l'Administration pénitentiaire, tout de même... J'ai aussitôt rappelé ma mère et elle m'a appris que ma sœur était au courant de la condamnation d'Émile. Elle avait même gardé le contact avec lui et ne nous en avait rien dit. Et elle prenait son parti ! Avec la même véhémence dont elle avait été capable, peu de temps auparavant, pour l'accuser.

J'ai été bouleversée par ces nouvelles. Et très vite, j'ai pris peur. Émile était en Corse et nous aussi... J'ai commencé à craindre de le voir débarquer chez nous sans prévenir.

Bernard était au courant de mes horribles histoires de famille. Je mesure chaque jour la chance que j'ai eue d'avoir été acceptée, aimée, dans de telles conditions. Bien sûr je n'étais pas coupable des actes d'Émile Louis, mais combien d'hommes auraient pris la fuite rien qu'à l'idée insoutenable de vivre avec la « fille du monstre » ? Bernard, lui, n'a jamais remis en question notre union à cause de cette hérédité. Nous nous efforcions simplement de ne pas ressasser l'horreur, de ne pas enfermer notre bonheur pudique dans une prison de passé, et de préserver les enfants. Mais là, mon père était à deux pas, capable de venir troubler nos petits par sa grossièreté, ses esclandres, et peut-être pire...

Je ne pensais plus qu'à ça. Mon mari s'en est rendu compte et m'a incitée à aller voir Émile au pénitencier, pour clarifier la situation et me libérer de mes angoisses. Il s'est même proposé pour m'y conduire en voiture. Je me suis rangée à son avis.

Quelques jours plus tard, je me suis présentée à la porte de Casabianda. Comme on me l'avait dit, il m'a suffi de montrer une carte d'identité pour être autorisée à entrer. Immédiatement, les gardiens ont tressé des lauriers à mon père, « prisonnier modèle, le seul à ne pas prendre de médicaments le soir pour dormir ». Très rassurant de savoir qu'un pervers sexuel criminel dort du sommeil du juste ! On m'a annoncé qu'ici Émile était chauffeur. Tout seul, au volant d'une camionnette, il transportait le linge à Ajaccio et à la prison de Bastia. Il lui fallait une bonne journée. En vadrouille ! Un malade qui a été condamné pour le viol de deux enfants !

Je croyais que la société nous protégeait d'individus de cette espèce, qu'elle leur évitait toute tentation et les obligeait à se soigner en leur imposant un suivi psychiatrique sérieux. On peut se demander en outre s'il est bénéfique de les réunir, de faire en sorte qu'ils se retrouvent en quelque sorte en « famille ». Car dans ce pénitencier, Émile n'était pas dépaysé : Casabianda est réservé aux délinquants sexuels. Il ne risquait pas d'être pris à partie par les autres détenus en raison de ses agissements. Mais de là à susciter la sympathie des gardiens ! En tout cas, je n'imaginais pas qu'on pouvait envoyer ces pervers sur les chemins de montagne, en contact avec la population... et les enfants ! Ceux qui connaissent un peu la Corse savent que la route Ajaccio-Bastia traverse des dizaines de villages, séparés par des kilomètres de montagne sauvage où l'isolement est propice à n'importe quel acte de malveillance pour un délinquant pervers récidiviste.

Soudain, au milieu du concert de louanges réservé à mon père, quelqu'un a ajouté :

– La privation de liberté, c'est généralement difficile à supporter, quand on est innocent.

Voilà donc pourquoi Émile était si bien vu : il avait

réussi à les intoxiquer ! Les embobiner ! C'est d'ailleurs avec l'aplomb d'un convalescent dans une maison de repos du Midi que mon père m'a accueillie. Il est vrai que Casabianda ressemble davantage à un club de loisirs qu'à une geôle... et le village de vacances des fonctionnaires du ministère de la Justice jouxte le pénitencier ! C'est à deux pas de la plage, derrière une clôture bien légère. Il y a des vaches et des chevaux. On aperçoit des planches à voile... Il ne manque que des matelas, des parasols et une petite table pour poser le pastis de l'apéro. On comprend mieux pourquoi, en décembre 2000, quand Émile Louis a été interpellé pour la troisième fois, il a déclaré aux gendarmes : « Tant qu'à faire, j'aimerais autant retourner à Casabianda » !

Pour ma part, je trouverais plus convenable que ce prétendu pénitencier devienne un lieu de convalescence pour les victimes. Une simple suggestion...

– 17 –

NOUVELLE LIBÉRATION

Je n'avais pas vu mon père depuis sept ans. Je l'ai retrouvé en pleine forme, à peine vieilli. Il m'a jeté un drôle de regard, méfiant. Sur ses lèvres, un petit sourire ironique. Sans doute avait-il l'intention de prendre l'ascendant sur moi, mais je n'étais pas disposée à me laisser faire. Je suis allée droit au but :

– Pourquoi es-tu là ?

– Tu comprends, je vivais avec une femme, elle a voulu se débarrasser de moi, et à cause de mon passé, elle m'a mis sur le dos des choses avec les enfants. Mais ce n'est pas vrai !

Cette version, il me l'avait déjà servie lors de sa première condamnation.

– Tu ne trouves pas surprenant qu'il arrive toujours quelque chose aux enfants qui t'approchent ? Tu te souviens quand j'étais petite ?

– C'est du passé, tout ça ! Du passé ! Ça ne sert à rien d'en parler. De toute façon, tu ne te souviens plus de rien.

– Détrompe-toi, je m'en souviens comme si c'était hier... Qu'est-ce qui me prouve que tu n'as-tu pas recommencé avec d'autres petits ?

– Je te jure que non, sur la tête de tes frères !

– Je sais que tu mens ! Maintenant, il va falloir que tu me dises ce qui s'est réellement passé, parce que je ne crois pas un mot de ton histoire.

– Bon, eh bien, tu sais, j'étais avec une jeune femme de dix-neuf ans, ça ne plaisait pas aux parents, alors comme ils avaient le bras long, ils m'ont fait incarcérer. Voilà, c'est tout !

– Tu te moques de moi ? Les parents de la fille en question ont peut-être le bras long, mais si elle était vraiment majeure, et si elle vivait librement avec toi, personne ne pouvait rien trouver à y redire. Ça ne tient pas debout, ton histoire...

– Mais c'est à cause de la différence d'âge, tu comprends ?

– Non, justement, je ne comprends pas. Ou plutôt je comprends que tu es en train de me raconter des bobards, une fois de plus. Tu pourrais faire un effort d'imagination ! Cette soi-disant jeune fille, elle était handicapée ou pas ?

– Non, non. Elle avait sa voiture, et tout...

Il continuait à mentir comme on respire et c'était insupportable. On aurait dit une anguille glissant entre les doigts... En fait, il était seul à détenir la vérité et il en jouait en me forçant à la découvrir. Et il mentait, mentait ! C'était sa façon de garder le contrôle de la situation. D'ailleurs, il l'avait dit : « Ne jamais avouer. » Et il s'en donnait à cœur joie, mêlant à ses balivernes des bribes de vérité sans rapport avec la question qu'on lui posait. Il inventait, avec plus ou moins de virtuosité. On finissait par se demander s'il était faible d'esprit ou s'il se payait ouvertement la tête de son interlocuteur. De la pure manipulation...

J'ai tenté de reprendre la discussion sur une autre base :

– Avec Patricia, que s'est-il passé au juste ?

– Patricia ? Rien... De toute façon, quand je vais sortir de prison, on va se marier. C'est décidé.

– Ça m'étonnerait, parce que je ne sais pas si tu es bien au courant, mais elle est mariée maintenant.

– Mais non, mais non. Tout ça, ça ne compte pas ! Mariée ou pas, t'inquiète... Elle va quitter son mari et elle va venir habiter avec moi. Je vais tout faire pour. Fais-moi confiance !

– Tout ça ne me dit pas ce qui s'est réellement passé avec elle...

– Rien, je te le répète. Il ne faut pas me mettre tout sur le dos comme ça ! Elle m'a dit qu'elle ne voulait pas perdre son pucelage avec un jeune inexpérimenté, elle voulait que ce soit moi qui la dépucelle... Voilà. Tu sais tout.

Mensonges ! mensonges ! mensonges... J'étais écœurée et j'en ai eu assez de l'écouter. Je n'avais plus qu'une envie : être loin de ce lieu, sur la route, sur la plage, à la maison, en train de me promener, de m'occuper des enfants ou de lire un roman, mais je ne voulais plus le voir se moquer de moi. Je me suis tournée vers Bernard qui assistait à l'entretien sans intervenir :

– On s'en va ! Je ne veux plus le voir, la coupe est pleine !

Émile m'a regardée comme un gamin puni injustement.

– Mais pourquoi tu t'en vas ?

– Parce que tu me racontes n'importe quoi, et tu le sais très bien.

– De toute façon, c'est elle qui me l'avait demandé. Je ne l'ai pas forcée.

– Patricia était une gamine !

– Elle était majeure !

– Ses parents étaient au courant ?

– Non ! Mais de toute façon, ils en avaient après elle. Ils ne voulaient pas qu'elle se marie avec un type qu'elle fréquentait, un drogué. Alors, tu vois...

Impossible d'obtenir un mot de regret. J'ai encore tenté de l'interroger sur les viols d'enfants.

– Et ton arrestation ? Pourquoi est-ce que tu es là ?

– Je n'ai rien à voir avec tout ça.

– Tout ça, quoi ? Tu me mens sans arrêt !

– Non, non, je te le jure. Mais de toute façon, je ne ferai plus rien de mal...

Trop c'est trop ! Je me suis levée, Bernard m'a imitée et nous sommes partis. J'avais hâte d'être dehors. Le monde changeait sans arrêt, mais pas Émile Louis. Lui, il ne bougeait pas. Le même homme ! J'ai eu la désagréable impression d'avoir mis les pieds dans des sables mouvants. Quand on approche un être maléfique tel que mon père, on s'enfonce doucement, presque sans s'en rendre compte. Il devient alors difficile de se dégager. On est en danger. On peut se retrouver englouti. Il faut se battre en permanence pour surnager. En tout cas, on ne sort pas indemne d'une telle relation... La nausée m'a envahie avant que nous ayons atteint la clôture du pénitencier.

Sur la route du retour, je n'arrêtais pas de penser à ces « retrouvailles », ainsi qu'au comportement de ma sœur. Je ne le comprenais pas, même si je savais qu'elle avait beaucoup d'affinités avec notre père. De là à oublier ce qu'il nous avait fait endurer, ce qu'il avait fait vivre à maman et aux autres enfants de la maison... De là à tenir pour négligeable sa condamnation... Était-il impossible pour elle d'aimer son père et en même temps de condamner ses actes abominables ? Peut-être, mais personne n'a le droit de fermer les yeux sur des crimes, même pour conserver une relation filiale. C'est d'une trop grande lâcheté.

Cette attitude, plus tard, elle l'a conservée. Quand Émile a avoué, en décembre 2000, quand on a découvert les squelettes des victimes, ma sœur m'a dit :

– Quoi qu'il ait fait, je le soutiendrai mordicus.

Pour tenter de provoquer un choc, je lui ai demandé si elle était prête à aller à la morgue et à répéter ce qu'elle venait de dire devant les restes de ces malheureuses. Elle a répliqué :

– Je n'ai pas envie de parler à des squelettes ! Je ne peux déjà pas supporter leur vue dans les musées...

Rien à faire.

*
**

Je suis tout de même retournée voir Émile à Casabianda à trois reprises. J'ai encore essayé d'obtenir de lui la vérité, y compris sur les disparues de l'Yonne, d'autant que d'autres affaires sulfureuses venaient d'éclater dans le département. Le 1er novembre 1991, Claude Dunand, qui faisait payer ses « clients » pour torturer des gamines dans la cave de sa maison d'Appoigny, avait été condamné à la réclusion criminelle à perpétuité.

– Tu es sûr de ne rien avoir à faire là-dedans ? ai-je demandé à mon père.

– Mais non. On cherche à tout me coller sur le dos.

– Pour l'instant, on ne parle pas de toi dans l'affaire d'Appoigny... Je te demande seulement si tu sais où auraient pu passer les filles qui ont disparu, car enfin tu les connaissais toutes, non ?

– Si tu veux mon avis, elles sont parties avec des Arabes !

– Il y a beaucoup d'Arabes dans tes histoires.

– Ma parole ! Tu ne regardes pas autour de toi, tu ne vois pas qu'il y en a partout ?

Ce jour-là, j'ai eu le sentiment qu'il ne parlerait jamais, qu'il emporterait ses secrets dans la tombe... Cela m'était intolérable. Pourquoi cette rage de savoir ? Je me suis souvent posé la question. Sans doute parce qu'un aveu m'aurait ouvert les portes de la compassion, confirmé que mon père était un malade, un « irresponsable » en quelque sorte. Pas cet être sans conscience qui semblait gérer en toute maîtrise ses actes abominables...

Un an plus tard, en avril 1992, il m'a téléphoné et m'a appris qu'il serait libéré le 18 du même mois. Condamné à cinq ans de prison, il n'avait fait que deux ans et cinq mois. Pour un récidiviste, il s'en tirait drôlement bien !

– Je viendrais bien passer quelques jours chez toi, a-t-il lancé sur un ton badin, comme si c'était naturel.

– Pas question ! Tu m'entends ? D'abord, tu n'as pas le droit de venir ici.

– Bon, bon ! Mais je n'ai pas de vêtements...

J'ai raccroché, décidée à le laisser se débrouiller. Mais quand j'ai rapporté ses propos à ma mère, elle a tout fait pour m'attendrir :

– On ne va quand même pas le laisser sortir comme un clochard. C'est ton père, malgré tout... Surtout n'en parle pas à tes frères, il faut les préserver.

Et moi ? Je n'avais pas besoin d'être préservée ? Mais j'ai cédé. J'ai rappelé Émile pour lui demander qu'il me donne ses mensurations.

– Je te préviens, je vais t'envoyer ou t'apporter un minimum de choses pour ta sortie. Ensuite, tu te débrouilleras tout seul. C'est clair ?

– Oui, bien sûr. Et je te rembourserai plus tard... Ne m'achète pas n'importe quoi. Quand même, il faut que je sois bien habillé, tu vois... C'est important.

Il ne manquait pas d'air ! D'autant que je savais pertinemment qu'il ne me rembourserait jamais.

– Tu ne vas pas faire le difficile, en plus ! Et puis, n'oublie pas : le 18 tu prends le bateau à Bastia. Je ne veux pas te voir ici. C'est bien compris ?

La veille de sa libération, je suis allée moi-même lui porter ses vêtements. Je voulais aussi mettre en garde les gardiens.

– Surtout, ai-je dit à celui qui m'a reçue, assurez-vous qu'il prend vraiment le bateau !

Il a fait la moue.

– Il serait bien à Ajaccio, me répondit-il, pourquoi ne voulez-vous pas de lui ? Il est gentil, vous savez !

Incroyable ! Émile se servait d'un intermédiaire pour essayer de me faire plier. Et ce crétin de gardien se laissait embobiner par le détraqué sexuel qu'il devait surveiller !

– Pas question. Ça ne vous regarde pas. Il prend le bateau à Bastia, un point c'est tout !

Ensuite, Émile a tenté le coup à son tour. Il faisait semblant de ne pas comprendre pourquoi je ne voulais pas de lui.

– Mais qu'est-ce que j'ai fait de mal ? répétait-il

Ahurissant ! J'ai tenu bon. Si étrange que cela puisse paraître, j'ai cru lire du désarroi dans ses yeux. Une expression enfantine de surprise, de doute, d'injustice... Mon père était décidément un personnage déroutant.

Le lendemain, il s'est embarqué pour le continent. Son intention était de se fixer à Draguignan. Quand j'ai eu la certitude qu'il avait pris le large, je me suis sentie délivrée, mais triste aussi. Et inquiète. Le destin guettait mon père. J'étais convaincue qu'il le rattraperait.

J'ignore pourquoi il n'est pas retourné dans l'Yonne où il avait ses habitudes, où ma sœur était installée. Bien sûr, il savait que maman lui était désormais hostile, même si elle lui avait écrit pour le nouvel an. Je suppose qu'ils n'avaient pas d'autres relations, mais on ne me disait pas tout. Ma mère et ma sœur n'avaient pas envie de me fournir d'explications. Elles craignaient que je pose trop de questions...

Et puis Émile ne devait pas avoir le courage de se retrouver, dans les rues d'Auxerre, face au gendarme Jambert qui voyait toujours en lui l'assassin des sept disparues.

Un mois jour pour jour après sa libération, le secrétaire général de l'antenne de la Fédération de l'Association pour adultes et jeunes handicapés, dans l'Yonne, était condamné à six ans de prison pour attouchements sexuels avec violence. Le mur du silence qui avait si longtemps entouré les histoires de mœurs de ce département commençait à se fissurer.

– 18 –

UN ÉCLAT DE RIRE EN GUISE D'AVEU

Un mois seulement après son départ de Corse, mon père m'a appelée, de Draguignan :

– Je voulais te dire que j'ai rencontré une femme et que nous allons bientôt nous marier.

De sa part, je m'attendais à tout. Mais un mariage...

– Tu ne crois pas que c'est un peu tôt ?

– Non, pas du tout. C'est une femme bien. Elle a deux enfants, un garçon et une fille. Elle est plus jeune que moi de quatre ou cinq ans, mais c'est la femme qu'il me faut.

– Ah, bon ! Mais tu la connais peu. Comment sais-tu que c'est la femme qu'il te faut ?

– Ce sont des choses qui se sentent.

Elle s'appelait Christine, il l'avait rencontrée dans un square où elle sanglotait, assise sur un banc. Son compagnon, handicapé, venait de mourir. Elle-même était dépressive. En fait, elle l'était tellement qu'elle ne pouvait travailler et touchait une pension d'invalidité...

Émile s'est aussitôt mis en ménage avec elle, jusqu'au mariage, célébré en juin 1992. Il nous a envoyé une photo, prise sur les marches de la mairie. Une fois de plus, il s'était bien débrouillé. Désormais il touchait sa retraite, plus une indemnité de « tierce personne » pour assister son épouse dépressive ! Des revenus modestes qu'il complétait avec un emploi de fossoyeur.

Dans les premiers temps de leur union, Christine m'a souvent téléphoné, essentiellement pour faire l'éloge d'Émile. À l'entendre, il avait toutes les qualités. Et moi, pendant qu'elle parlait, je pensais : « Ma pauvre, tu ne sais pas ce qui t'attend ! » Mais même si je l'avais voulu de toutes mes forces, je n'aurais pu la faire changer d'avis. Et puis j'espérais encore... Oui ! j'espérais que mon père avait décidé de s'amender. Une lamentable illusion, car un pervers ne guérit pas seul. Normalement, lors de sa deuxième incarcération, Émile aurait dû suivre une thérapie. Rien ! L'expérience montre qu'il n'y a pas de suivi psychiatrique des détenus. Seuls ceux qui le demandent peuvent en bénéficier.

Christine, elle, n'avait aucun doute sur les vertus de son nouveau mari.

– Vous vous rendez compte de ce que votre père a fait pour vous ? m'a-t-elle dit un jour.

Franchement, je ne voyais pas de quoi elle voulait parler.

– À quoi faites-vous allusion ?

– Eh bien... c'est un peu à cause de vous qu'il est allé en prison.

– À cause de moi ?

– Bon, ce n'est pas directement votre faute, mais c'est tout de même parce qu'il a cassé la gueule à l'Arabe qui vous a violée qu'il est allé en prison. C'était très courageux de sa part, je trouve.

Sur l'instant, je suis restée sans voix. Ainsi donc, à elle aussi il mentait. Il mentait à sa femme plus qu'à n'importe qui, puisqu'elle ne savait rien de sa vie ! Fini l'espoir stupide, cette fois, j'ai compris qu'il ne s'amenderait pas.

– C'est quand même bien, ce qu'il a fait pour vous ! a-t-elle ajouté sur un ton enjoué.

Je n'ai pas eu le courage de la détromper. Ça n'aurait servi à rien.

– Oui, oui. Sans doute...

J'ai raccroché. J'ai eu pitié d'elle. Je me suis laissée aller à exprimer ce que je ressentais devant Bernard : la tristesse, la honte permanente d'être la fille de cet être, l'impossibilité de mettre en garde ses victimes, la certitude que cette femme allait vite déchanter...

Ça n'a pas tardé. Christine a continué de m'appeler, mais elle a rapidement perdu le ton joyeux des débuts. Elle me semblait de moins en moins dynamique. Et, bientôt, j'ai eu le sentiment que son élocution devenait difficile. Ça, je connaissais ! Inquiète, j'ai décidé de lui téléphoner tous les soirs, vers 19 heures, afin de vérifier si mon intuition était bonne. Au bout de trois jours, je n'ai pas pu m'empêcher de l'interroger :

– Je trouve que vous avez du mal à parler aujourd'hui, Christine. Vous êtes malade ?

– Je ne sais pas, j'espère que non, mais je viens de prendre mes médicaments.

– C'est un médecin qui vous les a prescrits ?

– Non, c'est votre papa qui me soigne. Il sait ce que je dois prendre.

Mon sang n'a fait qu'un tour. Je lui ai demandé de me

passer Émile. Il a pris le combiné. Je ne lui ai pas laissé le temps de souffler.

– Dis donc, Émile, qu'est-ce que tu fabriques avec Christine ?

– Rien du tout, pourquoi ?

– Christine a de plus en plus de mal à parler. Elle ne va pas bien du tout. Il faudrait peut-être la faire voir par un médecin, parce qu'elle est malade. Tu es sûr que tu ne t'es pas trompé dans les doses ?

– Non... Tu me connais !

Oh ! oui, je savais de quoi il était capable.

– Justement ! C'est pour ça que je te pose la question.

– Mais enfin, je suis ton papa, comment peux-tu imaginer des choses pareilles ?

– Je n'imagine rien, mais fais très attention parce qu'on ne sait jamais... Avec un surdosage, Christine peut se retrouver en danger. Tu le sais ?

Il s'est lancé dans une explication confuse à propos de la posologie mais je ne suis pas parvenue à lui faire dire le nom du produit. Il me noyait dans un flot de paroles pour dissimuler son inquiétude. Je l'écoutais et je savais qu'il n'était pas l'aise. J'avais sans doute vu juste.

Les jours suivants, je n'ai pas obtenu Christine au téléphone. Émile décrochait et me racontait qu'elle était fatiguée, ou malade. N'importe quoi, du moment que ça l'empêchait de me parler... J'ai peut-être sauvé la vie de Christine avec ces appels et mes questions à Émile. Il ne s'est sans doute pas senti libre d'agir à sa guise. Il craignait que je témoigne contre lui s'il se laissait aller à augmenter la dose.

Pour d'obscures raisons, Émile n'a jamais eu avec une femme de rapports sexuels librement consentis sans les assortir de violences et de sévices. Sauf, peut-être, avec Germaine, parce qu'elle le dominait. C'est pourquoi ses maîtresses étaient des handicapées, ou des pauvres filles à la dérive, ou des enfants livrés à eux-mêmes. Une femme qui est en mesure de défendre sa dignité n'aurait pas supporté d'être maltraitée et insultée de la sorte. Autrefois, à la maison, nous savions à quoi nous en tenir, puisqu'il parlait ouvertement de ses maîtresses, qu'il les traitait de « salopes » et de « putasses ». Jamais au grand jamais je ne l'ai entendu dire d'une femme que c'était « une femme bien ». Aucun respect !

Souvent, je pensais à Jacqueline Weiss, peut-être parce qu'elle avait longtemps vécu chez nous. Je ne connaissais aucune des disparues aussi bien qu'elle... Si elle était effectivement partie avec un amant, comme Émile le prétendait, je pouvais peut-être la retrouver. Je souhaitais qu'elle fût toujours vivante. J'ai fait des recherches par Minitel. Weiss n'est pas un nom très répandu, j'avais une chance si elle n'était pas mariée. J'ai exploré l'Yonne, puis les départements voisins. Sans succès. J'ai tenté une recherche sur Paris... Et j'ai trouvé une Jacqueline Weiss. Le cœur battant, j'ai appelé... Malheureusement, il s'agissait d'une parfaite homonymie. Déçue, je me suis néanmoins servie de cette recherche pour me faire une idée de l'implication d'Émile dans cette disparition. Prêcher le faux pour savoir le vrai se révèle souvent efficace. J'ai téléphoné à mon père.

– Tu ne sais pas la nouvelle ? Je viens de retrouver Jacqueline !

Sa réaction a été tranchante comme un coup de hache.

– Ça m'étonnerait !

J'ai eu froid dans le dos, mais j'ai insisté :

– Je t'assure, je l'ai eue au téléphone, elle est à Paris.

– Ce n'est pas possible. Tu ne peux pas l'avoir retrouvée.

Pas l'ombre d'un doute dans sa voix.

– Pourquoi en es-tu si sûr ?

Il s'est emporté.

– Mais parce que, non !

– Je t'assure que je l'ai retrouvée. J'ai parlé à Jacqueline Weiss hier soir.

– Je te dis que ce n'est pas possible !

Une assurance de fer. Alors, j'ai attendu deux ou trois secondes et je lui ai demandé :

– Pourquoi ? Tu l'as tuée ?

J'imaginais qu'il allait nier, ou hurler, ou m'insulter... Mais non, il a éclaté de rire. Un rire énorme ! Un rire de dément... J'en ai eu des frissons. Ce rire, c'était comme une revendication de son crime. J'ai pris sur moi et froidement j'ai lancé :

– C'est fini, Émile. Plus jamais je ne t'appellerai.

J'ai raccroché, en proie à un profond malaise. J'étais sous le coup de cet « aveu ». Ce qui m'épouvantait, c'était l'absence manifeste de remords et de compassion. Je me suis surprise à murmurer : « Pourvu qu'il ne tue plus personne... »

Plus jamais je n'ai décroché mon téléphone pour parler à mon père.

– 19 –

LA MÉTAMORPHOSE DU « CHARMANT » MARI

À mon sens, le principal tournant dans l'affaire des disparues de l'Yonne a été négocié au printemps 1993, à l'initiative de Pierre Monnoir, frère d'un handicapé mental et cofondateur de l'Association de défense des handicapés de l'Yonne (ADHY), créée l'année précédente, comme je l'ai déjà mentionné. Pierre Monnoir a décidé de porter à la connaissance de la justice une affaire de sévices sur un jeune handicapé placé dans un établissement de l'Association pour adultes et jeunes handicapés, ainsi que la disparition de mineures confiées à ce même établissement. C'est Pierre Monnoir qui a communiqué au magistrat les identités de Chantal Gras, Bernadette Lemoine, Christine Marlot et Madeleine Dejust. Il a aussi fait référence à l'enquête de l'adjudant-chef Christian Jambert. Mais on n'a pas trouvé alors le rapport de celui-ci. Et pour cause : il avait été annexé à l'affaire Durand-Lesage, archivé comme une procédure classée. Et pourtant, tous les magistrats en poste au parquet d'Auxerre à cette époque ont affirmé [1] qu'ils n'avaient pas classé cette procédure. De leur côté les fonctionnaires du greffe ont indiqué qu'ils n'auraient jamais pris cette initiative sans une décision du magistrat ayant statué. Il n'empêche que le rapport Jambert est resté lettre morte.

L'initiative de Pierre Monnoir a néanmoins permis qu'il y ait une enquête. Grâce à cela, la prescription a été interrompue et, vingt-trois ans après la disparition de Françoise Lemoine, Émile Louis pourra être mis en accusation.

Pour l'heure, déjà, la presse nationale a commencé à s'intéresser à l'affaire. Pierre Monnoir a évoqué le cas des disparues sur les ondes de RTL puis à TF1, dans l'émission « Perdu de vue ». Leurs photos ont été montrées, sauf pour l'une d'entre elles dont il n'existe pas d'image, ce qui en dit long sur l'attention dont elle était l'objet. Petit à petit, des parents de disparues ont été retrouvés. L'intervention des médias a poussé le président en exercice de l'APAJH, gérant l'établissement d'où avaient disparu Christine Marlot, Chantal Gras, Madeleine Dejust et Bernadette Lemoine, à demander au procureur de la République d'Auxerre l'ouverture d'une enquête. Mais celle-ci n'a pas été ordonnée ! Les familles des disparues ont déposé six plaintes avec constitution de partie civile des chefs d'enlèvement et séquestration. Mais ces plaintes ont été rejetées.

*
**

---

1. À la mission du 19 décembre 2000 confiée par le garde des Sceaux, ministre de la Justice, à l'Inspection générale des services judiciaires.

C'est dans ce climat qu'un étrange événement s'est produit dans la famille. Un jour, alors que je bavardais avec maman au téléphone, je me suis rendu compte qu'elle n'était pas seule chez elle. Je lui ai demandé qui était là.

– Tu sais, en ce moment, ta sœur est à la maison avec Christine.

– Christine ? Elle est venue seule ?

– Non, elle est descendue avec ton père chez ta sœur.

L'ex-épouse recevant la nouvelle ? Bizarre.

– Tu acceptes qu'elle vienne chez toi, comme ça ?

– Bah ! C'est la femme d'Émile. D'ailleurs, elle a quelque chose à te dire.

– Quoi encore ?

J'étais agacée. Je n'avais plus envie d'entendre parler de mon père. Son rire de dément résonnait encore dans ma tête. À contrecœur, j'ai accepté.

– D'accord. Passe-la-moi.

Ce que je redoutais s'est produit : Christine a commencé à me raconter les sévices qu'Émile lui faisait subir. Son angoisse passait dans sa voix. Elle m'a énuméré les humiliations, les petites et grandes tortures que lui imposait cet homme qu'elle trouvait auparavant si prévenant, si charmant, qui faisait toutes les courses de la maison et qui, à plusieurs reprises, l'avait sauvée du suicide... Non seulement elle était séquestrée, mais, en fin de semaine, Émile ajoutait une drogue puissante aux barbituriques, si bien qu'elle sombrait dans un sommeil profond et qu'elle ne se souvenait plus de rien le lendemain. Elle ne savait pas ce qu'il lui avait fait, mais elle se réveillait attachée aux barreaux du lit. Une violente douleur lui tordait les entrailles. Il l'avait tondue et lui avait fait des piqûres locales « contre les hémorroïdes » !

Quand elle en a eu terminé, elle a rendu le combiné à ma mère et je me suis écriée :

– Il est fou !

– Ça ne te rappelle rien ?

Je me rappelais, bien sûr, dans quel état j'avais parfois trouvé maman au réveil et les « interventions » paternelles sur les corps féminins.

– Si. Malheureusement ! Il faudrait emmener Christine chez les gendarmes et qu'elle fasse une déposition.

– Ta sœur et Céline s'en chargeront. Moi, je ne veux pas m'en occuper.

Mais ma sœur n'en a rien fait, bien sûr... Quant à Céline, je l'ai appris plus tard de la bouche de Christine, elle s'en serait prise à Émile :

– Tu te souviens de ce que tu m'as fait en 1977 ?

– C'est de l'histoire ancienne... Comment vont tes petites filles ?

Dans la bouche d'Émile, cela signifiait : « Tu es trop vieille pour moi maintenant, mais pas tes gosses... » Céline l'a, paraît-il, copieusement insulté...

Après avoir parlé à ma mère, j'ai repris Christine au téléphone. Je me suis efforcée de la réconforter et de lui fournir une arme qui dissuaderait Émile Louis d'aller trop loin.

– Écoutez-moi bien : vous lui direz de ma part que je me souviens très bien du petit bois de Saint-Florentin, et que s'il m'en donne l'occasion je peux aller voir les gendarmes et m'adresser à la presse quand je veux. Vous avez bien compris ?

Maman, qui devait tenir l'écouteur, a essayé de s'interposer. À ma stupéfaction, elle s'est écriée :

– Oh non ! Il ne faut pas parler de Saint-Florentin ! Il ne s'est rien passé à Saint-Florentin. Pense à tes frères.

Décidément, à ses yeux, rien d'autre n'importait que la prétendue « protection » de ses fils ! Cette fois, je n'ai pas cédé. J'ai même été plus précise :

– Christine, vous lui direz que je me souviens de tout ce qui s'est passé, et aussi qu'il a menacé de tuer maman. Ensuite vous lui ferez comprendre que vous m'avez tout raconté... Dans ces conditions, s'il est persuadé que je suis au courant de ce qu'il vous a fait subir, vous serez en sécurité. Il ne vous arrivera rien.

– J'ai peur ! Il m'a déjà menacée de m'emmener à la pêche et de me tuer.

– Ne vous inquiétez pas, si vous lui parlez comme je viens de vous le dire, il ne se produira rien.

Elle était bouleversée. Je lui ai expliqué que nous avions toutes vécu dans la terreur d'Émile, mais qu'il ne fallait plus avoir peur de lui. Il avait toujours proféré des menaces de mort contre tout le monde. Même contre Jocelyne Boulanger, cette ancienne maîtresse à qui il avait fait endurer des choses insupportables dans sa cabane au milieu des bois. Elle avait insisté sur son épouvante quand elle avait déposé contre Émile, en 1982. Pour se prémunir, lorsqu'elle l'accompagnait à la pêche, elle prenait le soin de lui dire que son mari savait où elle était. Si elle ne rentrait pas, Émile serait immédiatement suspecté...

Je pense avoir fait ce que je pouvais pour Christine. Désormais, elle était maîtresse de son destin.

Elle est repartie à Draguignan avec Émile. Je suis restée sans nouvelles d'elle pendant des mois.

*
**

En juillet 1994, nous avons quitté Ajaccio et nous nous sommes installés à Cherbourg où Bernard venait d'être nommé. Après la Corse, sa beauté et son climat de rêve, Cherbourg, la pluie et les brumes de la Manche ne m'ont pas enthousiasmée. Heureusement, Bernard n'était pas plus séduit que moi et il s'est empressé de demander une affectation en Guyane. Ce fut acquis deux ans plus tard. Une fois de plus, j'ai préparé notre déménagement. Sincèrement, je n'étais pas fâchée de quitter la métropole. Après le battage médiatique autour des disparues de l'Yonne, j'étais heureuse de mettre un océan entre ces drames et moi. Même si les journaux arrivaient aussi bien à Kourou, où nous nous sommes installés, je gardais l'illusion de me trouver protégée de l'actualité par ce décalage. Et puis je voulais oublier sous de nouveaux cieux, dans un nouveau paysage, et me consacrer à ma famille. Bernard et les enfants étaient de vrais cadeaux de la vie ! Je voulais savourer chaque instant avec eux.

Même si Kourou est un microcosme où les Blancs vivent pratiquement entre eux dans un quartier fait de petites maisons à un étage avec des jardins aux plantations luxuriantes, le charme particulier des tropiques s'y fait tout de suite sentir. Certes il y a la base spatiale – excentrée – où, les jours de lancement, le décollage des fusées Ariane fait trembler la terre à des kilomètres à la ronde, mais la ville est aussi entourée par des villages amérindiens, Saramakas, Surinamais, Boni, où les Noirs et les Brésiliens vivent entre eux. Les cultures se mélangent comme les couleurs des étoffes et des fleurs sur les marchés qui regorgent de saveurs, d'épices et de senteurs nouvelles, différentes de celles de la métropole. La forêt tropicale, à l'humidité prenante, est très proche. Le soleil domine tout. Même lorsque la pluie aux larges gouttes pressées joue un moment du tambour sur les toits, dans les minutes qui suivent la fin de l'averse le soleil reprend son règne, tant et si bien que la terre comme les rues semblent fumer.

Pendant des semaines, je me suis sentie libre comme l'air. J'ai arrangé la maison, inscrit les enfants à l'école, préparé la rentrée... Et puis, finies les illusions des distances océaniques, maman a appelé : Christine était en danger, elle avait besoin de moi. Elle séjournait dans une maison de santé – ou une clinique psychiatrique, je ne l'ai jamais su. Elle voulait que je l'aide à se tirer des griffes d'Émile. Pourquoi moi ? Que pouvais-je faire depuis la Guyane ? Ma sœur et Céline, sans parler des garçons, pouvaient aller la voir. Mais non ! Ma mère restait insensible au bon sens de mes propos. La vérité, c'est que, comme d'habitude, personne ne voulait assumer la moindre responsabilité. À bout d'arguments, je me suis résignée à appeler Christine et elle m'a confirmé qu'elle craignait pour sa vie, qu'elle voulait s'enfuir.

– Écoutez Christine, je ne vous comprends pas. Je suis sans nouvelles de vous depuis des mois et soudain, vous me demandez d'intervenir alors que je suis à des milliers de kilomètres de vous. Faites votre valise ! Vous avez bien des relations chez qui vous réfugier, le temps de vous retourner ? Qu'est-ce qui vous retient ?

– Mais Émile ne veut pas que je sorte ! Que ce soit à la clinique ou à la maison, il me surveille. Il me laisse seulement aller chez mon psychiatre. Je ne peux même pas téléphoner, et s'il doit s'absenter, ou bien il débranche le téléphone, ou bien il m'attache sur le lit. Je veux partir, aidez-moi !

– Pourquoi n'en parlez-vous pas à votre psychiatre ? Il a toute latitude pour alerter les gendarmes dans un cas semblable.

– Oui, je comprends, mais votre père sait trop bien y faire. On ne me croira jamais.

J'étais consternée, mais pas surprise. Je connaissais le bagout d'Émile. Toutefois, j'avais l'impression qu'avec l'âge, il se montrait de plus en plus imprudent. Il ne prenait même plus la peine de donner le change, ni de sauver les apparences. Pour rassurer Christine, je lui ai dit que j'allais me renseigner, lui indiquer les démarches à effectuer, et qu'elle devait s'adresser à ma sœur et à ma mère en cas d'urgence.

– C'est ce que j'ai fait, m'a-t-elle répondu, mais elles m'ont dit que vous étiez seule en mesure de m'aider.

Décidément, tout le monde tremblait devant Émile. Pourtant, ni maman, ni ma sœur ni mes frères n'étaient en danger. J'étais la seule à m'être opposée à lui jusqu'à présent, et donc la seule dont il pourrait vouloir se venger.

J'ai passé le reste de la journée à me renseigner. On m'a expliqué que Christine devait avant tout prendre rendez-vous avec une assistante sociale. Je l'ai rappelée le lendemain pour lui en parler... Avant que j'aie dit trois mots, elle m'a insultée. J'ai cru avoir affaire à une folle hystérique.

– Gardez votre baratin ! Vous voulez que je quitte votre père, mais je l'aime, vous entendez ? Je ne veux pas le quitter, je l'aime !

Bien sûr, j'entendais... J'entendais surtout la voix d'Émile en arrière-plan :

– C'est encore cette salope de Maryline qui téléphone ? Alors, vas-y !

Avec Émile dans les parages, inutile d'essayer de lui faire entendre raison. Christine lui a obéi, avec le même langage fleuri :

– Vous voulez du mal à votre père, espèce de salope !

Furieuse, j'ai répliqué :

– Ça commence à bien faire ! Débrouillez-vous toute seule. Maintenant, je me désintéresse de vos histoires. Ne rappelez plus jamais ! Si vous avez besoin de quelque chose, adressez-vous à ma mère.

J'ai raccroché... Mais cette « conversation » m'avait replongée malgré moi dans cet univers de manipulation, de violence et de mensonges que je fuyais. Je n'ai d'ailleurs jamais pu raconter cet épisode à mes frères, parce que maman a toujours prétendu que je mentais. Pourquoi faisait-elle ça ? Parce que j'étais la seule à oser tenir tête à Émile ? Peut-être pensait-elle protéger mes frères et sœur en les montant contre moi... Je ne vois pas d'autre explication.

*
**

Les mensonges avaient pourri mon enfance. Ils ont continué d'abîmer ma vie de femme. Lorsque je venais à Paris, depuis Cherbourg, pour faire des courses, maman racontait à mes frères et à ma sœur que je me rendais à l'hôpital parce que j'étais gravement malade ! Quand plus tard je revins plusieurs fois de Guyane pour venir voir Eugénie, désormais mariée, ce fut pire.

– Et puis, d'abord, qu'est-ce que tu fais à Paris ? Tu trompes ton mari, tu as un amant ? Tu n'as pas honte ?

Amants, maîtresses, tromperies... C'était l'obsession de la famille.

– Si c'est juste pour faire des emplettes, tu devrais venir à Auxerre, rétorquait ma mère. Il y a aussi des boutiques, ici !

– Je sais, mais je n'ai pas envie de séjourner dans l'Yonne. Je passerai te voir régulièrement, mais j'ai besoin de temps pour moi. Tu comprends ?

Non, elle ne comprenait pas, sans doute parce que je jouissais d'une liberté qu'elle n'avait jamais eue. Un jour, alors que je me trouvais en métropole, elle a eu l'audace de téléphoner à Bernard, à Kourou, pour semer le doute dans son esprit.

– Votre femme traîne à Paris, sans vous... Mais qu'est-ce que c'est que ce bordel ?

Comme d'habitude, sobrement mais fermement, Bernard lui a ôté l'envie de s'immiscer dans notre vie de couple :

– S'il y a un bordel quelque part, il n'est pas chez moi.

– 20 –

L'INCROYABLE SUICIDE DU GENDARME JAMBERT

À Kourou, j'étais dans ma bulle. Je parvenais à oublier la menace qui pesait sur Christine, à lire avec un certain recul les articles de presse – de plus en plus accusateurs envers la justice et les administrations concernées –, et même à discuter calmement au téléphone avec ma mère. Je goûtais, tout simplement, les joies d'une vie paisible. Je faisais du sport et je m'occupais des enfants.

Au printemps 1997, j'ai appris que la chambre d'accusation de la cour d'appel de Paris avait enfin ordonné qu'un juge soit saisi dans l'affaire des disparues de l'Yonne. L'information ouverte concernait le sort de Jacqueline Weiss et de Christine Marlot. D'abord entreprise par la brigade des recherches d'Auxerre, l'enquête était poursuivie par la section des recherches de Paris. Émile figurait au premier rang sur la liste des personnes entendues.

J'ai été saisie en découvrant un jour le visage de mon père à la télévision. Il avait donné une interview, diffusée sur TF1, pendant le journal. Comme d'habitude, il ne résistait pas au plaisir de choquer. Bernard et moi sommes restés sans voix quand nous l'avons entendu déclarer : « Je suis innocent. Qu'on me coupe les roubignolles en quatre si jamais on trouve quelque chose. Je jure que ce n'est pas moi. » Un exercice qui devait lui plaire, car il a multiplié les entretiens avec les journalistes. J'ai encore l'impression d'entendre sa voix : « De toute façon, il y a prescription... » « On a toujours voulu me mettre sur le dos des choses qui ne me concernaient pas... » « Il y a des gens jaloux qui me veulent du mal... » « Je n'avouerai rien... »

Un peu plus tard, ma mère m'a appris qu'elle avait été entendue, ainsi que mes frères et sœur. Comme je m'étonnais de n'avoir pas été contactée par la gendarmerie, elle m'a répondu :

– Les gendarmes ont dit qu'ils n'entendaient pas les déficients mentaux.

– Pardon ?

– Oui, parce que tu vas leur raconter des choses qui ne sont pas vraies. Ce sont tes délires. Tu n'as rien à leur dire ! De toute façon on les a prévenus que tu étais quelqu'un de fragile et de souvent malade !

Mes « délires » devaient se rapporter aux viols dont j'avais été victime et au meurtre dans le bois de Saint-Florentin... J'étais furieuse et dégoûtée par ces saletés déversées sur mon compte. Mais je doutais que les gendarmes soient assez bêtes pour croire ma mère sur parole. S'ils désiraient m'entendre, ils savaient où me trouver.

Au mois d'août 1997, j'ai tout de même fait le voyage jusqu'en métropole pour voir maman. C'est alors que j'ai appris que l'adjudant-chef Jambert avait été trouvé mort dans sa maison, une balle de carabine dans la gorge. L'enquête a conclu au suicide, mais je n'ai pas été la seule à trouver étrange la mort volontaire du principal enquêteur, quelques semaines seulement avant son rendez-vous avec le juge Benoît Lewandowski. Quatorze ans après avoir commencé ses investigations, Jambert allait enfin pouvoir témoigner. Car si, dès le début de ses recherches, il avait établi un lien entre Émile Louis et les sept disparues, il semble qu'il ait cru, aussi, à l'existence d'un réseau de complicités. Il aurait même confié à l'assesseur du juge pour enfants : « Ce dossier-là n'ira pas jusqu'au bout. Il va disparaître. Je vais en faire un double. » Par la suite, l'adjudant-chef avait fait de cette enquête une affaire personnelle. Il s'était senti bridé par sa hiérarchie et il avait soupçonné des personnes haut placées de vouloir étouffer le scandale... Je ne peux m'empêcher de m'interroger sur les motivations de son « suicide », à la veille de pouvoir enfin se faire entendre. Ce gendarme qui était intimement persuadé de la culpabilité d'Émile est mort sans avoir pu désigner son suspect numéro un au juge d'instruction, ni exprimer les doutes qu'il avait sur un éventuel « réseau ».

Car il n'y a pas qu'Émile Louis, dans ce marigot écœurant des abus en tout genre sur des faibles de corps ou d'esprit. Le monstre d'Appoigny, qui vendait la possibilité de torturer une fille attachée sur une croix, avait des clients. Des clients répertoriés, sans doute, dans un petit carnet... qui a disparu pendant l'instruction ! Je lisais les journaux, et j'étais sidérée...

Quelque temps après mon retour en Guyane, ma sœur m'a appelée pour m'annoncer que les gendarmes souhaitaient me rencontrer. Je lui ai répondu que j'étais à leur disposition et j'ai ajouté :

– Je doute qu'ils passent par toi quand ils voudront me joindre. Et puis j'étais à Auxerre pendant le mois d'août, ils pouvaient me convoquer.

– C'était la période des congés pour eux aussi.

– Allons donc ! Ils mettent la clé sous la porte pendant l'été ? Ça ne tient pas debout !

Le fait est qu'une année s'est écoulée sans qu'ils se manifestent. D'ailleurs, je n'y pensais pas... L'annonce de la maladie de maman me préoccupait davantage. Les constatations du médecin révélant les conséquences des sévices qu'elle avait endurés me rappelaient, encore et toujours, l'existence d'Émile. Impossible de faire abstraction de lui...

En juillet 1998, le juge d'instruction a reconnu les disparitions de Françoise et Bernadette Lemoine, de Martine Renault, de Madeleine Dejust et de Chantal Gras, relançant ainsi l'affaire. Sans Pierre Monnoir, sans Corinne Herrmann qui avait su mobiliser les journalistes, tout cela aurait été impossible. La presse a elle aussi joué un rôle déterminant. Le mérite d'avoir retrouvé le frère de Jacqueline Weiss revient à un journaliste. Je me souvenais du garçonnet le jour de son arrivée à la maison dans les années soixante-dix, avec Jacqueline et leur autre frère... Je n'ai pu m'empêcher de lui demander pour quelles raisons il n'avait jamais recherché sa sœur.

– Mais parce qu'elle est partie avec un Arabe ! « Papa » et « maman » [*Émile et ma mère*] me l'ont dit aussi, m'a-t-il répondu, comme s'il s'agissait d'une évidence.

Les Arabes, encore ! Et pour faire bonne mesure, il a ajouté qu'elle avait dû faire le trottoir à Pigalle ! Il y croyait dur comme fer, impossible de lui faire entendre raison. Quant à ma mère, elle se comportait d'une façon étrange avec le frère de Jacqueline. On aurait dit qu'elle était en dette avec lui. Mais de quoi ? Je me rappelle qu'un jour où nous leur avions rendu visite, il avait frappé mon fils Arnaud qui n'avait alors que trois ans. Et maman n'avait pas bougé le petit doigt pour l'en empêcher. Pour expliquer sa passivité, elle s'était contentée de dire :

– On lui doit des choses en retour.

– En retour de quoi ?

Elle n'avait pas répondu.

Personnellement, je n'avais pas de contacts avec le frère de Jacqueline. En 1997, il avait essayé d'obtenir mes coordonnées par le biais de Corinne Herrmann. Elle avait refusé de les lui communiquer. Je pense qu'il voulait me demander de l'argent, car il avait déjà démarché ma mère dans ce but. Il lui aurait dit : « À cause de la famille Louis, je n'ai plus une vie normale. Je ne travaille plus, je ne peux plus garder une copine. Il faut m'aider. » Il croyait donc vraisemblablement Émile responsable de la disparition de sa sœur. Or il aurait tenu ces propos trois ans avant les aveux d'Émile et la découverte puis l'identification du squelette de Jacqueline...

*
**

Finalement, les gendarmes m'ont contactée à la fin de l'année 1998. Le téléphone a sonné à la veille de Noël, alors que nous nous apprêtions à nous rendre à la messe de la Légion. Avant de parler, j'ai voulu être sûre que l'appel provenait bien de la brigade de recherches.

– Je veux savoir si vous êtes effectivement gendarme et si vous êtes habilité à me poser des questions.

J'ai raccroché puis j'ai rappelé et je me suis assurée de

la fonction de mon correspondant avant d'accepter de répondre à ses questions.

– Eh bien, vous êtes soupçonneuse !

– J'ai des raisons de l'être. Beaucoup de gens disent n'importe quoi à n'importe qui, au sein de ma propre famille.

– Vous êtes bien la fille d'Émile Louis ?

– Vous le savez, puisque mon numéro est sur liste rouge.

– En effet. Votre sœur nous l'a communiqué. Il paraît que vous avez des choses à nous dire...

– C'est ma sœur qui prétend ça ?

– Oui. Elle n'est pas contente après votre père. Il semblerait que vous sachiez pourquoi, aussi nous aurions besoin de vous entendre.

– Je ne vois pas le rapport entre les humeurs de ma sœur et le fait que vous m'entendiez, d'autant qu'elle est généralement bien disposée à l'égard de notre père. Je n'ai d'ailleurs aucune idée de ce qui a pu provoquer son revirement. De toute façon, je n'ai pas prévu de revenir en métropole pour l'instant. Si vous voulez m'entendre, il faudra vous déplacer.

Nous en sommes restés là, mais, finalement, j'aurais pu accepter un rendez-vous avec cet enquêteur, car l'état de santé de ma mère s'est aggravé et j'avais décidé d'aller la voir quelques semaines plus tard, au mois de janvier 1999. J'ai rappelé les gendarmes et il a été convenu que je serais prise en charge à l'aéroport puis que je serais conduite à Fontainebleau pour y être entendue par les hommes des brigades de Paris et d'Auxerre.

– 21 –

J'AURAIS AIMÉ QUE CE SANG-LÀ NE COULE PAS DANS MES VEINES

Les gendarmes qui m'ont entendue dans l'immense centre de formation de la gendarmerie nationale à Fontainebleau se connaissaient tous et connaissaient parfaitement leurs dossiers. Ils semblaient attendre de moi un éclairage sur la personnalité d'Émile Louis, plutôt que des déclarations sur ses agissements réels ou supposés. L'entretien ressemblait davantage à une séance de travail qu'à une déposition. Pourtant c'en était une.

Au début, j'ai fait preuve de prudence. J'avais besoin de vérifier leur neutralité avant de m'exprimer librement. Leurs questions étaient surtout destinées à évaluer si le profil d'Émile Louis collait avec celui d'un *serial killer*. Quand ils m'ont demandé si, à mon sens, il pouvait être mêlé à l'affaire des disparues, je leur ai dit « oui ». J'ai ajouté que je le soupçonnais. J'ai répondu à leurs questions et j'ai aussi donné le nom de plusieurs de ses anciennes maîtresses – et victimes – qui pouvaient accepter de témoigner. Mais je n'en ai pas dit davantage. J'avais encore dans la tête les supplications de ma mère : ne pas me délivrer de mon serment avant sa mort. Elle était très malade : je ne pouvais pas lui faire subir ce choc, cette honte. Pouvais-je l'assumer moi-même ? De toute façon, ils ne m'ont pas harcelée de questions. Je remis à plus tard l'autre supplice, celui d'accuser, preuves à l'appui, mon propre père...

*
**

Après cet entretien, les gendarmes d'Auxerre m'ont ramenée dans l'Yonne et m'ont déposée chez ma sœur. Elle avait insisté pour que maman ignore que j'avais été entendue ce jour-là. Inutiles cachotteries, puisque maman allait finir par l'apprendre, à un moment ou à un autre. Une heure plus tard je me suis rendue chez elle. Je lui ai dit la vérité.

– Je déteste mentir, même si tu aimes me faire passer pour une menteuse aux yeux des autres. J'ai été entendue par les gendarmes de Paris, ce matin.

Elle a sursauté, puis elle a pâli.

– Tu ne leur as rien dit, au moins ?

– Il n'y avait pas grand-chose à dire, sinon que j'ai toujours trouvé bizarre qu'Émile soit toujours là au moment des disparitions. Une fois, deux fois, peut-être, mais à chaque fois... difficile de croire au hasard.

– Oui, mais tu ne leur diras pas, n'est-ce pas ? Tu ne leur diras rien ?

– De quoi veux-tu parler, maman ?

– Pour Saint-Florentin, et pour ce qu'il t'a fait...

Je n'en croyais pas mes oreilles !

– Il n'y a pas si longtemps, tu disais que je délirais, que ce n'était pas vrai, que je racontais des bobards. Tu as changé d'avis ?

Elle avait si peur qu'elle m'entendait à peine. Elle m'a coupée pour lancer :

– Et pour Céline, tu ne leur as rien dit au moins ?

À mon tour d'être glacée d'effroi.

– Pourquoi ? ai-je demandé la gorge serrée. Que s'est-il passé avec Céline ? Réponds-moi s'il te plaît !

Et c'est là, vingt-deux ans après les faits, que j'ai appris qu'Émile Louis avait violé ma « petite sœur ».

J'ai eu l'impression que le sang se retirait de mon corps, puis une boule de feu a commencé à me dévorer l'estomac. Je me souviens avoir murmuré, les dents serrées : « Le salaud ! Le salaud ! Le salaud ! »

Avec maman, cette nuit-là, nous avons beaucoup parlé. Jusqu'à 5 heures du matin.

– Tu te souviens quand, toute petite, je ne voulais pas qu'il m'emmène à l'école ?

– Oui, oui, je le sais bien...

Elle s'est mise à pleurer. J'ai attendu qu'elle se soit ressaisie avant de reprendre :

– Et pour Céline, tu ne vas tout de même pas me dire que tu ne t'es pas posé de questions ? Tu n'as rien fait, tu n'as rien dit ! Tu t'es contentée d'engueuler la gamine. C'est monstrueux !

Pour la première fois, j'eus le sentiment qu'elle prenait vraiment conscience de ce qui s'était passé, de ce que son mari avait fait à ses enfants. Une salissure indélébile.

Je ne parvenais pas à supporter l'idée que Céline, ma « petite sœur », ait été violée. Le hasard a voulu qu'elle passe à la maison le lendemain. J'ai eu besoin d'entendre la vérité de sa propre bouche. Elle a confirmé ce qu'avait dit ma mère, puis elle a baissé la tête avant de fondre en larmes. Elle s'est écriée :

– Tu n'étais pas au courant ? Tu ne savais vraiment rien ?

– Non ! Bien sûr que non !

– Mais tout le monde était au courant !

– C'est qui « tout le monde » ?

– Eh bien... Tout le monde. Mais maman ne voulait pas que je te le dise parce qu'elle était sûre que tu serais allée baver chez les flics.

– « Baver » ? Mais qu'est-ce que ça veut dire ? C'est un langage de truands ! Oui, je serais allée trouver les gendarmes sans hésitation... Les garçons aussi étaient au courant ?

– L'aîné, oui et non... Enfin, maman lui a dit de ne pas faire attention, que je racontais n'importe quoi. J'ai dû lui expliquer qu'Émile avait été méchant avec moi, qu'il m'avait battue. Je n'ai pas osé insister, reparler du viol. Non, je ne crois pas qu'il ait été vraiment au courant... Elle avait peur qu'il tue Émile s'il apprenait, tu comprends ?

– Il faut que tu le lui dises, maintenant. Il faut qu'il sache ce qui s'est passé dans cette maison, ce qu'Émile t'a infligé !

– Si je fais ça, maman va en prendre un coup. Elle est déjà malade, on va la tuer avec toutes ces histoires...

– Et le cancer qui la ronge et qu'elle n'a pas soigné à cause d'Émile, c'est aussi notre faute peut-être ? Il y a tellement de lâcheté dans cette famille qu'on n'en est pas à une près !

Céline n'a pas répondu. Elle s'est butée et a changé de sujet :

– De toute façon, maman a dit que tu mentais. Quand tu venais à Paris, ce n'était pas pour aller à l'hôpital, mais pour aller chez des copains.

– Allons donc ! Et tu crois que c'est avec des mesquineries pareilles que vous échapperez à la vérité ? Je ne suis jamais allée à l'hôpital à Paris autrement que pour les soins, de loin en loin, de mes problèmes respiratoires, et je n'ai pas d'amant... Pour le reste, débrouille-toi avec maman. Tu découvriras peut-être pourquoi elle tient tant à me faire passer pour une menteuse.

Une fois de plus j'ai eu l'impression de m'enfoncer dans des sables mouvants. Émile avait tout pourri autour de lui. Maman aimait-elle toujours cet homme au point de chercher à le protéger ? Au mépris de la vérité et de la justice ? Au détriment de ses propres enfants ? J'ai voulu poser une dernière question à Céline, pour mesurer l'étendue de l'influence abjecte de mon père.

– Bref, tout le monde savait, sauf moi ?

– Oui, a-t-elle murmuré.

J'ai eu un haut-le-cœur.

– Cette famille est vraiment une horreur, Céline ! Écoute-moi : tu vas voir les gendarmes et tu racontes tout. C'est compris ?

Céline n'a trouvé le courage de le faire qu'après la mort de maman.

*
**

Je suis retournée en Guyane quelques jours plus tard et ne suis revenue dans l'Yonne qu'au mois de mars. Maman devait reconnaître avec les gendarmes les lieux de pêche d'Émile Louis à Rouvray ; elle m'avait demandé de l'accompagner car elle refusait toujours d'impliquer mes frères et sœur, « pour ne pas les choquer ». Moi, bien sûr, je pouvais l'être ! Je pouvais tout encaisser ! Une sorte de lugubre droit d'aînesse.

Nous sommes donc allées un matin, avec les enquêteurs, sur les rives du Serein. Étrange promenade... Les gendarmes cherchaient les indices d'une sépulture. Ils n'en ont pas trouvé... Pourtant, nous marchions sur les tombes de Jacqueline Weiss et de Madeleine Dejust.

L'après-midi, maman a fait une nouvelle déposition. On lui a demandé si Émile avait laissé des objets chez elle, si elle avait découvert des affaires qui n'appartenaicnt pas à son ancien mari. Elle a promis de chercher et d'appeler si elle trouvait quelque chose. Malade et fatiguée, elle préférait fouiller seule plutôt que d'assumer une perquisition en règle.

Nous étions toutes deux bouleversées après cette audition, car, à l'évidence, le filet se resserrait autour d'Émile. J'ai demandé à ma mère si elle le croyait toujours innocent. Elle m'a répondu :

– Non... J'ai des soupçons.

– Et Saint-Florentin ?

Elle s'est renfrognée.

– Oui ! Mais on ne parle plus de ça, jamais ! Tu m'entends, tu me l'as promis !

Décidément, je ne la comprenais pas. Une heure auparavant elle pleurait devant les gendarmes, disant qu'elle me demandait pardon, à moi comme à mes frères et sœur, pour nous avoir faits avec un tel monstre... Et elle persistait à le protéger ! J'étais persuadée – et je le suis encore – qu'une fois ses crimes accomplis, Émile venait se confesser chez maman. J'ai insisté, une fois de plus.

Comme elle ne voulait pas admettre que j'avais vu mon père assassiner une jeune femme, j'ai essayé de lui parler de Jacqueline.

– Tu te rends compte de ce qu'il a dû lui faire endurer ?

– Endurer quoi ?

– Je suis persuadée qu'il l'a tuée.

Il y a eu un silence avant qu'elle n'acquiesce :

– J'ai peur que tu aies raison.

– Alors ? Qu'est-ce qu'on fait ?

– Qu'est-ce qu'il va devenir si on le laisse tomber ? Il n'a que nous comme famille...

Je ne l'écoutais déjà plus. Elle éprouvait encore de l'amour, de la compassion et de la pitié pour cet homme qui avait fracassé nos vies.

Au moins, j'étais d'accord avec elle sur un point : j'aurais aimé que le sang de cet être ne coule pas dans mes veines.

– 22 –

LE MANTEAU D'UNE VICTIME DANS LE GARAGE

J'ai aidé ma mère à fouiller partout, comme le souhaitaient les gendarmes. Nous n'avons rien trouvé dans la maison. Mais dans le garage... j'ai découvert une caisse en bois qui m'avait appartenu mais dont j'avais oublié l'existence. Je l'avais fait venir de Djibouti, par bateau. Je l'avais aussitôt vidée de mes affaires. L'avait-on regarnie depuis ? Maman avait essayé de l'ouvrir à plusieurs reprises, toutefois le couvercle était si lourd qu'elle n'y était jamais parvenue.

– Il faut voir ce qu'il y a dedans, a-t-elle insisté, sinon les gendarmes vont venir et ils mettront tout sens dessus dessous.

En unissant nos forces, nous avons réussi à arracher ce couvercle. La caisse contenait un tas de vêtements que nous n'avions jamais vus ni l'une ni l'autre. En particulier un manteau de femme, sans marque, sans étiquette. J'ai aussi déniché, au fond, une chaussure féminine de petite pointure qui n'avait appartenu à aucune d'entre nous.

Maman n'avait pas envie que cette histoire s'ébruite. Elle m'a demandé de prendre la responsabilité de ces découvertes. J'ai accepté. Je me fichais des conséquences. J'ai enfermé toutes les affaires dans un sac-poubelle et, le lendemain, j'ai apporté ces hardes aux gendarmes. Ils en ont fait l'inventaire, devant moi, puis ils ont dressé un procès-verbal que j'ai signé. Ils m'ont demandé si je craignais les réactions de mes frères et de ma sœur. Je leur ai répondu qu'une perquisition aurait eu lieu si maman et moi n'avions pas fait ces recherches, et que ces vêtements auraient de toute façon été mis au jour. Néanmoins, pour ne pas créer de conflits inutiles, je n'ai parlé à personne de ces vêtements – sauf à Bernard, bien sûr. Pendant quelque temps, il a été le seul, avec les gendarmes, maman et moi à connaître l'existence de ces vieux habits de femme.

Un peu plus tard, la nourrice de Madeleine Dejust a formellement reconnu le manteau de sa pupille, bien qu'elle ait disparu en été et sans rien emporter : ce manteau faisait partie du trousseau remis à l'époque aux jeunes filles de la DASS.

Secouée par ces événements, j'ai voulu rentrer en Guyane. J'ai pris le train pour Paris, mais le lendemain, une brutale montée de fièvre m'a empêchée de prendre l'avion. Le médecin a diagnostiqué une sévère pneumonie et j'ai été hospitalisée...

Quarante-huit heures après mon admission, ma sœur a débarqué. En service commandé. Ma mère voulait vérifier si j'étais vraiment à l'hôpital, parce qu'elle avait été surprise de me joindre au téléphone, dans ma chambre, sur une ligne directe, sans passer par un standard. Méfiance obsessionnelle !

– On avait des doutes, a dit ma sœur, parce que tu ne figures pas sous ton nom de jeune fille.

– Tu m'as demandée sous mon nom de jeune fille ? C'est ridicule !

– Je voulais savoir si on te connaissait sous ton nom de jeune fille.

– Pour quelle raison ? Je suis mariée... Tu sais bien qu'on n'appelle jamais une femme mariée par son nom de jeune fille.

– Peut-être, mais tu aurais pu. Pourquoi ne l'as-tu pas fait ?

Cette étrange revendication identitaire d'un membre de la famille Louis était sans logique... Mais qu'est-ce qui est logique, dans cette histoire ? Je n'ai même pas essayé de faire entendre raison à ma sœur...

Quelques jours plus tard, ma mère a fait à son tour le déplacement, accompagnée par ma fille aînée. En apparence, une gentille attention... En apparence seulement ! Peu de temps après, au téléphone, elle a admis qu'elle voulait ainsi s'assurer que j'étais toujours hospitalisée... Parce que mon numéro de poste avait changé ! Elle avait même interrogé un interne pour qu'il lui décrive les symptômes de ma maladie, comme si elle mettait en doute le diagnostic du médecin. Pour elle, la capitale était un lieu de perdition où une femme cherchait forcément l'aventure. Il suffisait qu'on dise « Paris » pour déclencher sa suspicion pathologique. Dès qu'elle apprenait que je m'y trouvais, elle semblait perdre la tête.

– Pourquoi es-tu toute seule à Paris ?

– J'y passe quelques jours, tranquille.

– C'est scandaleux ! Je vais t'envoyer l'Aide sociale.

– Tu veux me faire enlever mes enfants parce que je

suis venue à Paris ? Mais c'est du délire ! Je suis mariée, je fais ce que je veux... Il faut te faire une raison.

– Je suis sûre qu'il y a un homme avec toi. Donne-moi ton numéro de téléphone !

Et elle me bombardait d'appels... Un jour, ma sœur m'a demandé, froidement :

– Tu as un amant ?

– Quelle drôle de question ! J'ai un mari et ça me suffit. Je ne vois pas ce que je ferais d'un amant.

– On m'a pourtant dit que tu avais un industriel pour amant.

– Première nouvelle ! Il faudra me le présenter. Qui t'a colporté une bêtise pareille ?

– C'est maman.

– Ah bon ? Elle recommence à dire la bonne aventure et à croire ce qu'elle prédit ?

Parfois, ma mère tirait les cartes. Elle insistait pour me déployer le grand jeu, surtout pour satisfaire sa propre curiosité. Lors d'une séance, elle m'avait affirmé que je rencontrerais un homme en uniforme, plus âgé que moi, et qu'il deviendrait mon amant.

– Ce sera un général ! avais-je promis en plaisantant.

Le lendemain, maman racontait à qui voulait l'entendre que je sortais avec un général. Et que c'était normal puisque je n'avais jamais aimé mon mari...

Pour mettre fin à ce genre de délires, j'ai décidé de me moquer d'elle chaque fois qu'elle se proposait de me tirer les cartes. Elle a finalement renoncé à jouer les cartomanciennes... Mais elle n'a jamais cessé de me chercher des amants, surtout après que j'eus épousé Bernard. À quoi tenait ce comportement ? Un psy le dirait peut-être mieux que moi. Mais je ne crois pourtant pas me tromper en pensant qu'il lui était insupportable de me voir faire ce qu'elle n'avait jamais pu accomplir : m'échapper de cette prison tentaculaire dans laquelle nous avait enfermés Émile Louis. D'une certaine manière, j'avais « trahi ». Trahi sa souffrance secrète, sa lâcheté de victime programmée, son amour pour moi. Car elle m'aimait, j'en suis sûre. De cet amour des mères résignées au pire pour ne pas mettre en cause leur mari. De cet amour honteux des femmes dont les filles ont été violées par leur père, qui ont choisi le silence plutôt que la révolte. Par peur. Par passion-soumission à l'égard de leur époux ? Je n'en suis pas sûre. Non : parce que ces choses-là vous rejettent dans une telle négation de l'être humain que les exprimer reviendrait à mourir.

*
**

Dès que j'ai été rétablie, je me suis empressée de rejoindre Kourou. J'avais hâte de retrouver Bernard et les enfants. Et d'échapper à l'ambiance oppressante de l'Yonne. La pression médiatique ne se relâchait plus. L'obstination de Pierre Monnoir et de ceux qui l'entouraient portait ses fruits. La vérité commençait à se faire jour, grâce aux initiatives de l'Association de défense des handicapés de l'Yonne, et non des parents des victimes. Encore moins des institutions responsables de la sécurité de ces malheureuses. À ce sujet, on peut lire dans le rapport Nadal de mars 2001 sur le traitement judiciaire de l'affaire : « Les responsables de l'établissement qui avaient en charge quatre des disparues se sont contentés de déclarations de fugue aux autorités de tutelle pour les mineures et d'un simple constat de départ volontaire dans les autres cas, sans jamais alerter les services de police ou le parquet. Par ailleurs, deux des jeunes femmes étaient mariées et mères de famille. Ces circonstances ont certainement contribué au scepticisme manifesté par les magistrats qui ont eu à traiter ce dossier. »

J'ai tenté de reprendre une existence paisible, sans trop me préoccuper de l'enquête et du sort d'Émile. On m'a laissée tranquille jusqu'à l'été. Puis, l'aîné de mes frères m'a appelée. Son entrée en matière ne laissait aucun doute sur ses bonnes dispositions à mon égard :

– Qu'est-ce que tu as encore fait, comme connerie ?

Sans m'énerver, je lui ai demandé de quoi il voulait parler.

– De l'article du journal *Le Parisien*... Tu n'as pas lu ? Tu ne te souviens même plus de ce que tu racontes ?

Non, je n'avais pas lu, et je n'avais pas davantage raconté quoi que ce soit à quiconque, encore moins à un journaliste. Une fuite s'était produite concernant la découverte des vêtements contenus dans la caisse du garage. Mais ni maman ni moi n'avions parlé. Cette information n'avait pu être divulguée que par les gendarmes ou par un membre de l'Association de défense, car les avocats avaient eu connaissance des nouvelles pièces du dossier.

À la fin de l'été, je suis retournée à Auxerre avec les enfants. La santé de ma mère se détériorait. Je commençais à penser qu'elle ne connaîtrait jamais l'issue de cette affaire. Peut-être était-ce préférable, même si elle en savait plus que n'importe qui. Plus que les enquêteurs n'en apprendraient jamais.

– 23 –

LES PAGES DÉCHIRÉES D'UN JOURNAL INTIME

Maman est morte sans subir l'épreuve redoutée. Elle n'a pas entendu Émile, son mari, le père de ses enfants, avouer sept meurtres. Elle n'a pas assisté à la découverte des squelettes, dont celui de Jacqueline Weiss, qu'elle avait élevée... La maladie l'a vaincue, mais elle lui a épargné cette honte extrême. Je ne sais si c'est un bien ou un mal. C'était ma mère, je ne lui ai jamais souhaité de souffrir. Alors tant mieux pour elle.

Moi j'ai vu, j'ai entendu et j'ai parlé. Le 21 mars, avant de reprendre l'avion, j'ai déposé longuement à la section de recherches de la gendarmerie de Paris, et j'ai tout dit.

Sauf une chose : je n'ai pas dit à quel point il est pénible d'accuser son propre père. C'est un déchirement. Douloureux mais nécessaire. Il faut que tous les enfants qui ont subi des atrocités le sachent : nécessaire ! Pour les autres, pour la société et pour soi-même. Mon fardeau s'est allégé. Seule l'expression des affronts pouvait l'alléger. Je suis rentrée en Guyane épuisée, physiquement et moralement, mais soulagée et la conscience claire, pour la première fois.

La presse a commencé à pister Émile. Il ne s'est pas caché, au contraire. Il a accordé des interviews, il est passé à la télévision. Dans un reportage diffusé sur M6, il parade chez lui, à Draguignan, jouant les baby-sitters, entouré de petits enfants qu'il hébergeait pendant que leurs mamans faisaient leurs courses... Quand j'ai vu ça, je me suis ruée sur le téléphone et j'ai eu en ligne les journalistes qui l'avaient filmé. Eux aussi étaient atterrés. Ils n'avaient pas osé diffuser toutes leurs images tellement certaines semblaient odieuses. Un plan montrait Émile, avec cette attitude incomparable de « tonton » débonnaire, déboutonnant sa chemise pour qu'une fillette de cinq ou six ans, une petite voisine, vienne en riant lui embrasser le ventre... Quand on sait qu'il avait déjà été condamné à deux reprises pour avoir violé des gosses !

Ces images ne sont pas passées sur les écrans, mais les gendarmes les ont visionnées et des psychologues ont été envoyés sur place pour entendre les enfants et procéder à des expertises.

Moi, j'ai compris qu'Émile avait franchi un cap : jamais il n'était allé aussi loin dans l'affirmation obscène et provocatrice de sa perversité. En se montrant ainsi, il lançait un défi à tous ceux qui, comme moi, savaient ce dont il était capable et voulaient l'empêcher de nuire, encore et encore.

*
**

Au début du mois d'avril 2000 un quotidien a fait allusion au journal intime de ma mère. Aussitôt, un magistrat m'a contactée. Il voulait savoir si je connaissais l'existence de ce carnet. Je ne l'avais jamais vu, mais maman m'en avait parlé. Il ne figurait pas parmi les papiers que j'avais mis en ordre après sa mort. Je n'avais pas eu le temps de fouiller sa chambre. Philippe, mon frère aîné, très affecté par cette disparition, avait fermé cette chambre à clé et souhaitait qu'on ne touche à rien pendant quelque temps. Au téléphone, il m'a confirmé, ainsi que Céline, qu'ils avaient eu, eux aussi, connaissance de ce journal...

Après avoir passé d'autres coups de fil, j'ai appris que, depuis très peu de temps, l'une de mes nièces était en possession de ce document de toute première importance. De quel droit s'en était-elle emparée ? Comment mon frère avait-il pu laisser faire une chose pareille ? J'ai appelé l'oncle de la nièce en question, qui m'avait avertie qu'elle avait emporté le « journal ». Je lui ai dit qu'elle devait le rapporter sans tarder. Que les gendarmes étaient au courant de son existence et voulaient le récupérer.

C'était pourtant simple. Les autres membres de la famille n'auraient-ils pas pu faire cette démarche ? Non. Il fallait que ce soit moi qui intervienne. À part moi, il semblait que personne dans cette satanée famille n'était disposé à se comporter normalement !

Dans ce carnet se trouvait peut-être la réponse à une question qui m'obsédait : combien de victimes ? Si maman l'avait su, elle pouvait l'avoir noté. On avançait alors une dizaine de disparues sur une période de deux ans dans le département de l'Yonne, et plus précisément dans le secteur Auxerre-Villefargeau. Sans parler des viols, des attentats à la pudeur et des diverses agressions sexuelles avec violences exercées sur des mineurs. Si l'on admettait qu'il s'agissait de crimes attribués à un *serial killer* – Émile Louis ou un autre –, on était certainement en dessous de la réalité. Les faits remontaient à 1977-1979 et l'on était en l'an 2000. Personne n'aurait pu croire qu'un psychopathe aurait agi pendant deux ans – jamais avant, jamais après – et qu'il aurait mis brutalement fin à ses crimes. Il y avait peut-être... des dizaines de victimes ! Qu'en disait le carnet de maman ?

J'ai pris le premier avion pour Paris, puis un train pour Auxerre. Treize heures de voyage... Je me ruinais en transports, mais j'étais déterminée à aller jusqu'au bout et à ne rien négliger pour y parvenir. Je voulais la vérité.

Pour une fois, mes frères m'attendaient. Je leur ai résumé la situation :

– Soit vous me remettez le journal de maman et je le porte aux gendarmes, soit vous les laissez venir chez vous avec des camions et perquisitionner. Choisissez !

J'avais noirci le tableau pour en finir au plus vite, mais je n'étais pas très loin de la réalité. Les enquêteurs n'allaient pas attendre cent sept ans que ce carnet réapparaisse.

Le lendemain, on me l'a remis : un simple cahier d'écolier, d'une centaine de pages, avec une couverture bleue... Sur le coup, je n'ai pas pu l'ouvrir. Ce n'était pas un article de papeterie que je tenais entre mes mains, mais la mémoire de ma mère. Son testament, peut-être. Sans rien lire, je l'ai observé et j'ai découvert qu'il manquait des pages, au milieu, une cinquantaine. Elles avaient été arrachées. Comme convenu, j'ai immédiatement apporté ce document aux gendarmes. J'ignore si le juge en charge de l'affaire en avait pris connaissance, car il avait été nommé à Paris pratiquement au même moment...

Quelque temps plus tard, assez rapidement, le cahier m'a été restitué. Cette fois, j'ai osé l'ouvrir. Ce n'était pas un journal intime au sens strict. Maman semblait plutôt avoir voulu écrire ses mémoires. Elle racontait son enfance, son adolescence, son cancer. Mais les pages arrachées couvraient la période de son mariage avec Émile. À part une allusion – « mes enfants, je vous ai faits avec un monstre » – il n'y avait rien dans ces lignes qui pût accuser mon père.

Mon frère m'a affirmé avoir trouvé le journal dans cet état. Je n'avais pas de raison de mettre sa parole en doute. Ma mère était tout à fait capable d'avoir détruit une partie du récit, pour protéger Émile, par-delà sa propre mort. Sans doute avait-elle décidé d'emporter ses secrets dans la tombe. Certainement pas par lâcheté ni par mépris pour les victimes, mais tout bêtement pour préserver l'illusion d'une vie et d'une famille « normale ». Son seul bien, c'était sa relation avec cet homme qu'elle avait aimé, dont elle était la confidente, qui sans cesse avait besoin d'elle. Si épouvantable que cela puisse paraître, ces relations étaient le trésor de ma mère. Peut-être sa raison d'être. Si elle l'avait accusé, elle aurait nié toute sa vie. Était-ce concevable ? Tout le monde a besoin d'une raison de vivre. Pour ma mère, c'était Émile.

Après cet incident du carnet, mes frères et sœur se sont plaints. Selon eux, j'étais responsable d'une reprise de l'affaire et d'une nouvelle médiatisation.

– Tu as vu ! Il y a encore un article, s'est écrié mon frère, un matin, en me brandissant sous le nez *L'Yonne Républicaine*. Toi, tu t'en fous ! Là-bas, en Guyane, tu n'es jamais éclaboussée. Ici, la merde, c'est pour nous.

Si j'avais eu envie de répondre sur le même ton, je lui aurais dit que sa petite tranquillité n'avait pas beaucoup d'importance au regard du calvaire qu'avaient dû endurer les filles disparues. Mais je ne souhaitais pas de polémique. D'autant qu'un phénomène étrange était en train de se produire : à mesure que le filet se resserrait autour d'Émile, ma sœur revendiquait de plus en plus ardemment sa parenté avec lui. Alors qu'elle se refusait à divorcer depuis plusieurs années, elle venait d'engager une procédure, presque du jour au lendemain. Pour reprendre au plus vite son nom de jeune fille ?

– 24 –

« JE LES AI TUÉES... EST-CE QUE JE SERAI RENTRÉ CHEZ MOI POUR NOËL ? »

Céline, à son tour, s'est décidée à témoigner de ses souffrances d'enfant. La mort de maman l'a libérée d'un lien secret et sans doute a-t-elle voulu laver son âme et son cœur avant de devenir mère de nouveau : elle était enceinte d'un petit garçon.

Elle avait obtenu des gendarmes que l'audition se déroule chez elle et que je sois présente, ainsi qu'une de ses amies. Elle ne nous avait pas obligées à entendre ce qu'elle avait à dire. Elle souhaitait seulement que nous soyons dans la maison, à proximité. Son amie s'est postée dans la cuisine mais moi je me suis installée dans la salle de séjour. Je voulais assister à l'entretien. Avant de commencer à parler, Céline a observé un long moment de silence... Et là, j'ai compris que j'aurais toutes les peines du monde à l'entendre raconter son viol par mon père. Alors que Céline parlait, j'ai vu pâlir le gendarme assis en face de moi. Elle venait de prononcer le mot « fellation »... L'officier s'est tourné vers moi et m'a dit, doucement :

– Allez à côté, si vous voulez.

Savoir, c'est une chose. Entendre de la bouche de celle qui a subi, ma « petite sœur », c'est très différent. J'avais mal pour elle ! L'intensité de cette douleur me troublait. Il y avait tant de blessures en moi comme en elle, qui nous faisaient tellement mal qu'elles ne guériraient sans doute jamais. Alors j'ai écouté le conseil du gendarme. Je suis sortie de la pièce. Plus tard, comme nous nous dirigions vers sa voiture, le même gendarme m'a dit :

– Vous avez bien fait de ne pas rester. C'était la même chose que pour vous. Aussi dur... Mais pour nous, elle a apporté des éléments nouveaux.

Céline m'a expliqué par la suite qu'elle avait révélé l'histoire des disques de Bernadette Lemoine que maman avait conservés, puis détruits, quand l'affaire avait resurgi. Comme moi, Céline avait pâti de la férocité avec laquelle ma mère protégeait son ancien mari. Dire que pour mon frère aîné, la fautive, c'était moi !

– Si maman ne s'était pas absentée, ça ne se serait pas produit ! disait-il. Elle était chez toi, à Draguignan, des semaines avant ton accouchement alors que tu n'avais pas besoin d'elle. Alors ce qui est arrivé, c'est de ta faute !

Je n'ai jamais réussi à comprendre comment il pouvait ruminer une pareille rancune, absurde, sans fondement. Mais ce doit être un héritage d'Émile que de chercher sans cesse des griefs... Ma sœur a même reproché à Céline sa présence à l'enterrement de maman, sous prétexte qu'elle était enceinte ! À l'en croire, on ne fait pas d'enfant quand on est malheureux. Si l'on en fait un, c'est que l'on n'éprouve pas de tristesse. Et si l'on n'a pas de chagrin, on n'a rien à faire à des obsèques. Absurde, absurde, absurde...

Le fils de Céline est né exactement neuf mois plus tard...

Et je sais qu'aujourd'hui, à plus de trente ans, mère de trois enfants, ma « petite sœur » est toujours la proie de vives angoisses. Elle avait huit ans quand mon père l'a violée. Moi, j'en avais cinq. Je sais par où elle est passée, je sais ce qu'elle éprouve. Comme moi, le soir, parfois, elle regarde sous le lit. Surtout en voyage, dans une chambre inconnue, à l'hôtel... Je ne rentre jamais très tard. J'allume les lumières dès que je suis à la maison. J'ouvre les placards et je fouille partout. Je redoute qu'on se soit glissé dans ma chambre. Qui ? Je ne sais pas... C'est puéril, irraisonné, mais c'est comme ça, j'ai peur. Peur de me retrouver face à un démon. Parce que les démons existent. Je le sais. Il y en avait un à la maison quand j'étais gosse. C'était mon père.

Aujourd'hui, Céline évite de me parler. Le reste de la famille fait en sorte que nous n'entretenions pas de relations. Je le regrette, car une affection sincère nous rapproche et nous avions tissé des liens d'amitié profonds. Dommage... J'ai néanmoins de ses nouvelles par ma fille Eugénie.

Dans la famille Louis, il a toujours été difficile de s'initier à la liberté et à l'autonomie. Il y a longtemps, Céline avait un petit copain photographe, un gamin de son âge. Maman s'est ingéniée à les séparer, en effrayant Céline. Elle lui disait que les photographes étaient tous des proxénètes... Maman voyait des proxénètes et des violeurs partout ! À sa décharge, il faut avouer que l'un des rares photographes qu'elle avait connu était un étrange individu. Il avait son studio à Auxerre. Un jour, je devais avoir quinze ou seize ans, Émile m'a emmenée chez lui pour qu'il photographie... mes mains ! J'ai des mains tout à fait ordinaires qui n'ont rien pour inspirer un artiste. Mais ce photographe n'en était pas un. Son studio, au premier étage d'un immeuble, était un endroit sordide. Et le bonhomme, déjà âgé, n'avait sans doute jamais fait preuve de son talent... J'ai aussitôt flairé la combine d'Émile. Ce n'était certainement pas mes mains qu'il voulait faire photographier. D'autres parties de mon anatomie l'intéressaient. Pendant qu'il bavardait avec ce vieux type, je me suis éclipsée et j'ai quitté l'immeuble sans me faire remarquer. Après quoi, j'ai détalé.

*
**

Émile Louis a été interpellé par les gendarmes à son domicile de Draguignan, le 12 décembre 2000, à 18 heures. Pour lui, l'heure du dîner. Il s'est toujours couché tôt. J'ai appris le détail de son arrestation par Corinne Herrmann. Mais avant, une journaliste avait réussi à me joindre pour m'annoncer la nouvelle. J'avoue que j'ai été cueillie à froid. Certes je m'y attendais, et pourtant le choc a été violent.

– Vous êtes contente ? m'a demandé la journaliste, sans me laisser le temps d'accuser le coup.

J'ai sursauté.

– Contente ? Bien sûr que non ! Comment pourrais-je être contente ? Dans l'affaire des disparues de l'Yonne, il n'y a rien qui puisse rendre quiconque content. Émile Louis est un meurtrier présumé. Mais cet homme est mon père... Si seulement ce que vous venez de m'apprendre pouvait signifier que la justice va enfin être rendue...

Ce n'était pas qu'un vœu pieu : je n'étais pas la seule à

craindre, alors, qu'Émile bénéficie de la prescription. Je ne comprends d'ailleurs toujours pas qu'un récidiviste puisse en profiter, et à plus forte raison un tueur en série.

C'était une affaire délicate, retentissante, or aucun ténor du barreau ne s'est proposé pour défendre Émile Louis. Il est vrai que l'arrestation s'était produite en pleine grève des avocats, et le bâtonnier d'Auxerre, qui n'était peut-être pas enthousiasmé de devoir assurer la défense d'Émile, n'avait pas pu refuser.

Le soir même de son interpellation, vers 22 ou 23 heures, Émile a craqué. Il a reconnu avoir tué les sept filles avec lesquelles il aurait eu des relations sexuelles « librement consenties ». Dans l'une de ses dépositions, il a déclaré avoir emmené ses victimes à Rouvray, pour faire l'amour sur la plage. Il a dit qu'il s'était endormi, à chaque fois. Au réveil, elles étaient mortes ! Le grand trou noir. Il ignorait ce qui avait pu se passer. Il pensait que « la bestiole » qui l'habitait parfois était peut-être revenue et qu'il avait cédé à des pulsions incontrôlables... A-t-il, dès le début, tenté de plaider l'irresponsabilité ? Quand on connaît les lieux, on peut difficilement croire à cette version. Faire l'amour, nus, sur une plage de graviers au bord du Serein en juillet ou en août ? Passe encore. Mais en janvier ou en avril, sous la pluie, dans le brouillard, le froid glacial ? Non, vraiment, ça ne colle pas.

Dans la nuit, mon père a été mis en examen et écroué pour enlèvements et séquestration. Puis il a été transféré à Auxerre. Le lendemain, les gendarmes l'ont conduit sur les lieux où il prétendait avoir enterré les cadavres. Il a désigné les emplacements aux enquêteurs. Quatre jours plus tard, le 18 décembre 2000, le premier squelette a été mis au jour. Celui de Jacqueline Weiss, à l'endroit exact désigné par Émile. Près de son corps, on a retrouvé des objets personnels : ses produits de toilette, une partie de ses vêtements et un album photo. Le 4 janvier 2001, il en a été de même pour le corps de Madeleine Dejust. Toutes les deux ont été officiellement identifiées le 13 avril.

Entre-temps, Émile Louis s'est rétracté. Il est revenu sur ses aveux et a clamé son innocence. Il a prétendu avoir cédé sous la pression médiatique. Selon lui, s'il avait pu situer avec précision les sépultures, c'était parce qu'il avait vu deux fois de suite, en avril et en juillet 1977, « des gens d'origine maghrébine » enterrer les cadavres. Encore des Arabes ! Pourquoi, à l'époque, ne les a-t-il pas dénoncés aux gendarmes ? Mystère. Mensonge, trucage... Comme toujours.

Son arrestation et sa mise en examen m'ont soulagée, bien sûr, parce que je pensais aux victimes. Je pensais au mal qu'il m'a fait, qu'il a fait à maman, à Céline... Mais je n'ai pas pu m'empêcher d'éprouver de la pitié pour lui, mon père. Parce que Noël approchait et je savais qu'il allait souffrir de ne pouvoir le fêter. Souffrir comme un enfant. Oui, j'ai eu de la peine pour lui.

L'un des témoins de l'arrestation m'a expliqué qu'il avait éprouvé de la gêne en apercevant Émile entre deux gendarmes.

– Ce vieux bonhomme est attachant. Il avait décoré son sapin... Bien qu'il ait fait endurer à sa femme des sévices pas possibles, il lui disait : « Ne t'inquiète pas, ne t'inquiète pas, je vais revenir pour Noël, je serai rentré, ne t'inquiète pas... » Il a répété ça à plusieurs reprises. J'ai eu l'impression d'avoir en face de moi un enfant qui suppliait celui qui venait l'arrêter : vous êtes bien sûr, monsieur le gendarme, que je serai de retour à temps pour le soir de la Nativité ? Je crois que ça n'a pas été facile d'arrêter votre père.

Par la suite, pendant qu'on l'interrogeait, Émile Louis a en effet demandé aux gendarmes :

– Si je vous dis tout, comme il y a prescription, est-ce que je serai à la maison pour Noël ?

Une obsession déraisonnable... Ça m'a fait mal d'entendre ça. Mais, d'un certain point de vue, je suis rassurée de constater que d'autres, étrangers à la « tribu », ont constaté la dualité du personnage. Cette dualité lui a permis d'échapper au châtiment pendant des décennies. C'est cette dualité qui fait de lui un homme extrêmement dangereux. Je suis triste de devoir dire que mon père a perdu le droit de vivre libre en société, qu'il doit être tenu éloigné des faibles et surtout des enfants, que c'est un prédateur. Hélas, je pense aussi qu'il est trop tard pour qu'il soit accessible à un traitement quelconque. Il ne doit jamais sortir de prison.

*
**

Le 14 février 2001, Émile a été mis en examen par le parquet de Draguignan pour viols et actes de barbarie – par personne ayant autorité – sur son épouse Christine et la fille de celle-ci âgée de quinze ans, deux êtres particulièrement vulnérables en raison de leurs déficiences physiques ou psychiques. Le procureur de Draguignan a fait savoir qu'une enquête préliminaire, ouverte le 22 décembre 2000, avait permis de démontrer « l'existence d'indices graves ou concordants rendant vraisemblable la participation d'Émile Louis à plusieurs crimes commis entre 1992 et 1994 ». Ces chefs d'accusation ne permettaient pas d'invoquer la prescription.

Au cours de l'instruction de cette deuxième affaire, une jeune femme amie du couple Louis, elle aussi handicapée mentale légère qui faisait le ménage chez eux, a déposé plainte à son tour contre Émile Louis pour viol et séquestration. En 1994 elle s'était réveillée, un matin, ficelée sur le lit d'Émile. Elle souffrait d'une violente douleur au ventre. Elle non plus ne pouvait dire comment elle s'était retrouvée là et ne se souvenait pas de ce qui lui était arrivé.

Le 20 février 2002, la chambre criminelle de la Cour de cassation a considéré que la demande d'enquête transmise en 1993 par le parquet d'Auxerre aux services départementaux de l'Aide sociale à l'enfance avait bien interrompu la prescription. Elle relançait donc l'enquête pour une période de dix ans (de 1993 à 2003). Le procureur, Mme Marie-Suzanne Le Quéau, a ensuite déclaré publiquement : « Jusqu'à présent on avait poursuivi l'information sur une sorte d'artifice juridique : la séquestration, qui est une "infraction continue" et ne peut être en aucun cas prescrite tant qu'on n'a pas découvert les corps. Maintenant que rien n'est prescrit et qu'on a retrouvé deux corps, il n'y a plus de séquestration. Donc, c'est forcément un meurtre ou un assassinat que l'on va reprocher à Émile Louis. »

Les auditions ont repris. J'avais déjà témoigné à propos de Jacqueline Weiss. Je n'eus donc pas à refaire de déposition. J'ai seulement reconnu des vêtements trouvés avec le squelette. Il y avait aussi différentes photos, près de ses affaires, dont une avec ma sœur. Cette dernière a refusé de s'identifier sur cette photographie. Or elle ne pouvait en aucun cas être mêlée de près ou de loin à la disparition de Jacqueline. Alors pourquoi cette attitude ? Je pense qu'elle a voulu, une fois de plus, couvrir notre père.

Plus de vingt ans après les faits, de nombreux témoins ne pourront témoigner parce qu'ils ne sont plus de ce monde : maman, l'adjudant-chef Jambert, Germaine morte dans un accident de voiture, le propre frère d'Émile décédé d'un cancer, le garde champêtre, témoin capital à Rouvray, victime d'une crise cardiaque le jour de son audition à la gendarmerie... Les fouilles ont repris pour retrouver les corps, non plus sur les berges du Serein dont les rives ont beaucoup changé en vingt-cinq ans, mais au château de Villefargeau...

Néanmoins, les procès auront lieu. Il y en aura deux. Un dans le Var, pour viol et actes de barbarie sur Christine et sa fille. Et puis viendra celui des disparues de l'Yonne. Enfin !

Ce sera une épreuve. Une épreuve que je vis déjà puisque je vis avec peine ma propre dualité. D'un côté, le dégoût que mon père m'inspire. De l'autre, ce qui me rattache à lui, malgré moi, ce qui me pousse à chercher une raison à son comportement criminel. Bien qu'il n'en ait aucune, j'aimerais, je le sais, lui trouver des excuses. Mais je tiens à ce qu'il soit condamné. Comme il se doit. Comme un assassin pervers multirécidiviste.

Je refuse de lui rendre visite en prison, parce que je n'ai pas envie de l'entendre se lamenter et de le voir pleurnicher. Je n'ai pas l'intention d'écouter ses reproches : « Fallait pas dire ci, fallait pas dire ça... J'ai rien fait... » Je sais qu'il continue de parler de moi en termes peu élogieux et qu'il me menace à mots couverts. Un jour, il a dit à mon propos à un journaliste :

– Si sa mère était encore là, elle la tuerait après lui avoir foutu deux grandes claques dans la gueule !

Il se dissimule encore derrière maman ! C'est lui qui voudrait me gifler et me tuer... Malgré tout, si j'apprenais qu'il était à l'agonie, je sais que je me rendrais aussitôt à son chevet. Je ne suis pas capable de rompre définitivement les ponts avec lui et j'ai continué à lui envoyer une carte, au mois de juin, pour la fête des pères. Certains diront que c'est pervers de ma part. Ma sœur, par exemple, qui a toujours un mot doux quand il faut, ne rate pas une occasion de me dire, à propos des viols dont j'ai été victime : « C'est parce que tu aimais ça ! » J'aimerais croire que c'est de l'humour noir.

Tout simplement, j'assume qu'il soit mon père. Avec peine, certes, mais j'assume ce que j'éprouve, au fond de moi. C'est une question de dignité, de respect de soi. Et je peux sans trembler me regarder dans une glace chaque matin.

J'ai suffisamment honte de lui pour ne pas avoir, de surcroît, honte de moi.

– 25 –

L'AGRESSION

J'aurais dû fermer la porte à clé. Deux hommes ont fait irruption dans la maison...

Nous sommes le 24 février 2001. Il est 9 heures du matin, je suis seule. Bernard est parti travailler et j'ai accompagné les enfants au collège et au lycée. Je reconnais immédiatement l'un des deux individus. Grand, assez élégant, plutôt distingué, il s'est présenté chez nous la veille et il a demandé :

– Êtes-vous la fille d'Émile Louis ?

– Non, vous faites erreur.

Je lui ai claqué la porte au nez. En Guyane, personne ne me connaît sous le nom de Louis. Personne ne sait que je suis apparentée au tueur de l'Yonne. Je me suis dit que l'inconnu était un journaliste parisien : un billet d'avion d'Air-France dépassait de la poche de poitrine de sa chemise. Et j'étais sûre de ne l'avoir jamais vu à Kourou. Je n'avais vraiment pas envie de parler à la presse. Dix jours seulement s'étaient écoulés depuis qu'Émile avait été inculpé de viol et actes de barbarie par le procureur de Draguignan. L'inconnu a déguerpi. Je pensais m'être débarrassée de lui. Je me trompais... Il est revenu, avec un acolyte.

Celui-là a une tête de brute et l'allure des hommes de main des films de série B. Mais la gifle qu'il m'assène dès qu'il a franchi le seuil n'est pas du cinéma. J'ai à peine eu le temps d'avoir peur. L'homme me frappe encore et encore, puis ouvre un couteau à cran d'arrêt. Le claquement sec m'épouvante. Le nervi se tourne vers celui qui est venu la veille et lance :

– J'espère que vous me couvrirez !

Aussitôt, il se met à me lacérer le corps à petits coups de lame. Je sens à peine les coupures. Je me protège le visage de mes bras nus et je hurle :

– Pourquoi ? Mais pourquoi ? Qu'est-ce que j'ai fait ?

– Ferme-la, ta grande gueule ! Ça t'apprendra à l'ouvrir...

– Mais qu'est-ce que vous me voulez, à la fin ?

– On sait que t'es la fille d'Émile Louis, réplique celui qui est venu la veille.

Je n'aurai pas d'autres explications. Ils disparaissent aussitôt et me laissent là, affolée, ensanglantée. L'agression n'a pas duré plus de trois minutes. Ils auraient pu me tuer, mais ce n'était pas leur intention. Ils ont voulu me faire peur et ils y sont arrivés.

Ils voulaient aussi sans doute que je reste terrée chez moi, à trembler dans un coin. Ça, pas question !

J'appelle les gendarmes et, dix minutes plus tard, une équipe de la brigade territoriale débarque à la maison et me prend en charge. Mes blessures sont superficielles, mais je suis choquée. Dans la voiture qui m'emmène aux urgences, je fais un récit succinct de l'attaque. Ensuite, à l'hôpital, un médecin confirme que les estafilades sont sans gravité.

Après qu'on m'a soignée, on me conduit à la brigade

de recherches. Le moment est venu pour moi de sortir de l'anonymat. En Guyane, pour les fonctionnaires que nous côtoyons, je suis la femme de Bernard. Nous n'avons jamais parlé de mon passé. Même les RG[1] semblent l'ignorer. Les gendarmes se montrent compétents et courtois, mais je sens que le capitaine et le lieutenant qui s'occupent de mon cas auraient préféré connaître ma filiation plus tôt. Je fais une déposition et une information judiciaire est ouverte.

Le soir même, je visionne les bandes vidéo enregistrées à l'aéroport, la veille – 23 février 2001 – et les jours précédents, pour essayer d'identifier « l'homme au billet d'Air-France ». En vain.

Je rentre chez moi et, par précaution, les gendarmes décident de faire des rondes plus fréquentes dans le secteur : une patrouille tous les quarts d'heure au lieu d'une toutes les demi-heures. L'Administration propose à mon mari de demander sa mutation s'il pense devoir me soustraire à des menaces locales, mais nous décidons de rester à Kourou. La vie reprend son cours et je commence à ne plus penser en permanence aux violences que je viens de subir. J'essaie de comprendre pourquoi on s'en est pris à moi... En tout cas, c'est en relation avec Émile Louis. Pourquoi veut-on me faire peur ?

*
**

1. Renseignements généraux : service de police « chargé de la recherche et de la centralisation des renseignements d'ordre politique, social et économique nécessaires à l'information du gouvernement ».

Je me suis dit que je finirais par oublier. Mais le 24 mars 2001, un mois jour pour jour après la première agression, c'est un véritable commando qui investit la maison.

Ce soir-là, Bernard est absent, en déplacement professionnel, pour un jour ou deux encore. Il doit être 22 h 30 ou 23 heures et les enfants dorment à l'étage. Moi, je suis occupée à coudre une robe en tissu à grosses fleurs que je veux porter, la semaine suivante, à la soirée tahitienne à laquelle je suis invitée. Soudain, j'entends la chienne grogner, dehors, près de la grille. C'est une femelle de boxer blanche. Elle a des ancêtres dogues argentins, redoutables gardiens, mais la nôtre est très douce et plutôt trouillarde. Je me lève et j'écarte un rideau pour voir ce qui inquiète l'animal... Et je me retrouve en face d'un homme dont le visage est dissimulé par une cagoule. Il tient la chienne par son collier et dit à mon attention :

– Si tu ne veux pas que je tue ton chien, file-moi les clés de la maison !

Je vois luire la lame de son couteau.

– Mais je n'ai pas les clés, il faut que je monte les chercher à l'étage.

– Ce n'est pas vrai ! Elles sont sur le buffet, là, à côté de toi. Encore une connerie comme ça et le chien y passe. Envoie les clés ! On veut juste discuter.

J'essaie de réfléchir à toute vitesse. Les idées se bousculent dans ma tête. Je me dis : « Ce n'est pas vrai, c'est un cauchemar ! Les enfants sont à l'étage, c'est la chienne de la petite, si jamais il la tue... » Je ne sais pas quoi faire... Finalement, je cède.

Je donne les clés, la porte s'ouvre. Deux hommes s'introduisent dans la maison. Tous deux portent une cagoule, des gants en latex et sont armés de couteaux. Dehors, j'en aperçois un troisième qui fait le guet. Il s'adresse à un quatrième, plus loin dans l'impasse et que je ne vois pas.

J'ai peur, mais je suis déterminée à me défendre et à tout faire pour qu'ils ne s'en prennent pas aux enfants. Je tente de filer dans une autre pièce pour attraper n'importe quel objet contondant. Ils ne m'en laissent pas le temps, se saisissent de moi et m'attachent les mains dans le dos. L'un d'eux répète la même question :

– Tu es bien la fille d'Émile Louis ?

– Si vous êtes là, c'est que vous savez qui je suis !

Morte de trouille, je joue les bravaches. Je n'arrête pas de penser aux enfants. J'ai peur pour eux... On me bâillonne avec du sparadrap. J'entends une radio grésiller. L'un des agresseurs porte à son oreille un talkie-walkie de la taille d'un portable. J'espère qu'un guetteur, à l'extérieur, va annoncer l'approche d'une patrouille. Je prie pour que les gendarmes arrivent. Ils ne surprendraient pas ces brutes, mais ils les mettraient en fuite. Faux espoir... les brutes me tondent et me battent. Et puis, l'un d'eux essaie de me violer ! L'autre comparse l'arrête aussitôt.

– Stop ! On n'est pas là pour ça ! T'es obsédé, ou quoi ?

Et ils disparaissent... Ils ne m'ont rien dit, rien demandé, sinon si j'étais la fille d'Émile. Ils m'ont fait subir des violences. C'est tout !

La porte vient à peine de se refermer quand mon fils, ensommeillé, apparaît en haut de l'escalier. Je n'oublierai jamais le regard de mon pauvre bonhomme quand il a découvert sa mère dans cet état, bâillonnée, tondue, rouée de coups... Il se ressaisit très vite et appelle les gendarmes. Ensuite, il m'aide de son mieux. Je ne suis pas encore complètement libérée de mes liens lorsque le capitaine, chef du groupement, arrive.

Une fois encore on me conduit aux urgences, mais je refuse d'y rester. Dans l'état où je suis, je ne suis pas disposée à poireauter dans une salle ouverte à tous vents, avec des curieux, des blessés qui se racontent leurs problèmes. Je demande à voir mon médecin – un homme disponible et d'une grande qualité d'écoute. C'est lui qui rédigera, à l'intention des autorités, un constat médical détaillé des différentes lésions.

J'ignore si mon attitude à l'hôpital a déplu aux gendarmes, mais nos rapports se dégradent très vite. D'abord, on me reproche de ne pas avoir sacrifié la chienne et d'avoir ouvert la porte à des hommes portant des cagoules. Ils ne comprennent pas non plus que cet animal à la gueule patibulaire soit resté caché sous l'escalier pendant qu'on maltraitait sa maîtresse. Je leur explique que cette délicieuse bestiole est tout simplement peureuse, mais ils ont peine à le croire. Je garde mon calme jusqu'à ce qu'ils se mettent à douter de mes déclarations.

– Ici, on ne porte pas de gants en latex, dit l'un d'eux.

– Moi, j'en porte bien quand je lave ma voiture ou quand je me fais une teinture.

Le ton monte et personne ne semble disposé à calmer le jeu. Je me rends compte qu'ils pensent que j'affabule !

Plus tard, mon mari me confirme les doutes des gendarmes : ils lui ont demandé s'il m'arrivait de m'automutiler... Pourtant le rapport médical est formel : j'aurais été incapable de m'infliger moi-même certaines blessures.

Dès que je rencontre la juge d'instruction, elle m'annonce qu'elle ne pourra donner suite, faute d'indices suffisants. Comme elle est débordée de travail, elle s'en remet aux gendarmes. Autrement dit, elle doute elle aussi de la véracité de cette agression. Agacée, je réplique :

– Demandez une expertise psychiatrique, comme ça vous serez fixée !

Eh bien... elle l'a fait ! Je passe donc devant un expert qui, dans son rapport, se permet des commentaires sur mon enfance, mais reconnaît tout de même, sans s'engager personnellement, que mon récit est plausible. En d'autres termes, on m'a peut-être agressée mais je peux aussi être une bonne comédienne !

*
**

Ces événements m'ont désorientée. Non seulement je me retrouvais plutôt mal en point, mais on refusait de me croire. Pourquoi doute-t-on toujours quand une femme dit qu'elle a subi des violences ? Pourquoi, bon sang ? Quel intérêt aurais-je trouvé à me tondre, me lacérer, me tabasser ? Cette suspicion aggravait l'angoisse que je ressentais... Je ne comprenais pas les mobiles de ces agressions. Émile, bien sûr... Il y avait un rapport avec l'affaire. Mais pourquoi s'en prendre à moi ? Pour que je me taise ? J'avais déjà dit tout ce que je savais. Une vengeance ? Mes agresseurs auraient pu me tuer mais ils ne l'ont pas fait. Restait l'intimidation. Celle que pratiquent les proxénètes ou les activistes fanatiques de groupes d'extrême droite. Il semble que certains membres de mon honorable famille entretenaient des sympathies dans ces milieux. Me détestaient-ils au point de me donner « une leçon » de l'autre côté de l'Atlantique ? Je me demandais si ces avares pathologiques ne s'étaient pas décidés à dépenser une petite fortune pour que des brutes me passent à tabac... Et je me promis d'en parler aux gendarmes de Paris à la prochaine occasion.

Il est vrai que mes relations avec la « famille » s'étaient considérablement détériorées. Elles n'avaient jamais été chaleureuses, elles étaient désormais exécrables. Je m'étais extraite du clan et je menais ma propre vie, indépendante. Et puis, surtout, j'avais brisé leur innommable loi du silence. Ça, ils ne le supportaient pas. Ils se détestaient, s'envoyaient des lettres anonymes, se dénonçaient mutuellement, mais toujours à l'intérieur du clan. À l'extérieur, ils faisaient bloc. Je me souviens encore que maman disait, en haussant les épaules : « Tu sais, Émile a couché avec toutes les femmes et toutes les filles de la famille. » Comme si c'était normal ! Au nom de cette normalité de la crapulerie, on couvre les crimes qui se commettent derrière les volets clos : viols, incestes, pédophilie... Et l'on brise des vies.

***

Trois mois plus tard, un soir de mai, vers 23 heures, j'ai été victime d'une troisième agression. J'étais seule à la maison avec ma fille Joséphine. Bernard était de nouveau en déplacement et ne rentrait que le lendemain. Mon fils était en Guadeloupe avec son club de rugby. J'étais déjà couchée lorsque j'ai entendu du bruit au rez-de-chaussée. J'ai eu l'impression que quelqu'un venait de pénétrer dans la maison. Pourtant, la chienne ne se manifestait pas. Je suis descendue, doucement, sans allumer la lumière... Et je me suis fait cueillir d'un coup de batte de base-ball ou de manche de pioche dans le dos. Il faisait sombre, mais j'ai clairement vu deux agresseurs portant une fois encore des cagoules. C'était des Blancs et je suis certaine qu'il s'agissait des mêmes individus, ou bien de complices agissant pour un même commanditaire. Cette fois, ils m'ont saisie et m'ont donné des coups de couteau à la cuisse. Des entailles plus profondes que celles qu'ils m'avaient infligées en février. Fait du hasard ou acte volontaire, les coups de lame dessinaient sur ma peau une sorte de croix gammée. Ensuite, mes agresseurs sont sortis.

Je ne sais quelle sorte de fureur m'a prise. Je me suis précipitée à l'étage, je me suis emparée d'une carabine, j'ai ouvert la fenêtre et j'ai fait feu au jugé sur les deux silhouettes qui traversaient le jardin. Je les ai si peu effrayés qu'ils sont revenus vers la maison. J'ai tiré de nouveau et j'ai cru entendre un petit cri de peur ou de douleur d'un des agresseurs. Ils ont pris leurs jambes à leur cou.

J'ai tenté de me calmer, puis j'ai téléphoné à un collègue de mon mari, et à l'épouse d'un autre pour lui demander de garder ma fille. Réveillée par les coups de feu, Joséphine était terrorisée. Quelques minutes plus tard, les personnes que j'avais appelées à l'aide sont arrivées, suivies de près par trois gendarmes. Ces derniers, alertés par des voisins, n'ont pas fait preuve avec moi de la plus grande courtoisie.

Cette fois, j'ai accepté de me faire soigner aux urgences, puis je suis rentrée chez moi où m'attendaient les enquêteurs de la brigade de recherches. Je leur ai raconté ce qui venait de se produire. Mais, à l'évidence, ils étaient obsédés par le silence peureux de notre chienne.

– Elle gueule tout le temps et après tout le monde.

Comment se fait-il qu'elle n'ait pas aboyé cette fois ? C'est peut-être qu'elle connaissait les intrus ? Et puis je ne vois pas comment ils ont pu ouvrir la porte ?

J'ai suggéré qu'ils avaient peut-être usé d'un passe.

– Non ! m'a-t-on répliqué. De toute façon, on ne peut pas ouvrir une porte si on n'a pas la clé... En plus, vous n'avez pas le droit de tirer comme ça sur les gens. On va vous saisir votre carabine. Veuillez nous la remettre, s'il vous plaît !

Ils n'avaient pas le droit de le faire mais j'ai obéi pour ne pas aggraver le conflit. Mais le confrère de mon mari, qui venait de surprendre une conversation des gendarmes à la radio de la voiture, m'a alors répété une phrase qu'il avait entendue : « De toute façon, c'est la fille d'Émile Louis, ce n'est pas la peine de faire attention à ce qu'elle raconte. » Alors, je les ai envoyés promener. Ils me regardaient avec un sourire narquois. J'étais écœurée. Je leur ai dit que je ne voulais plus les voir et je n'ai pas porté plainte, si bien que, sur un plan légal, ils étaient en défaut pour être rentrés chez moi et avoir confisqué la Winchester. C'était sans doute stupide de ma part, mais ils m'avaient mise hors de moi.

Le lendemain, mon mari a pris des photos des traces laissées par les assaillants ainsi que de mes blessures, puis il a insisté auprès du capitaine pour que des relevés d'empreintes soient effectués, en particulier celles des semelles des agresseurs dans le sable du jardin. Les gendarmes ne se sont manifestés que trente-deux jours plus tard, et seulement pour le relevé balistique ! Les mains dans les poches. S'ils avaient eu la volonté de ne rien faire, ils ne s'y seraient pas pris autrement.

Bouleversée par ces événements, dès le 1er juin, je suis

partie me reposer avec Joséphine en métropole, chez Eugénie, ma fille aînée, puis chez mes beaux-parents. Naturellement je ne leur ai rien dit de ce qui venait de se passer afin ne pas les effrayer inutilement. Quelque temps plus tard, on m'informa que l'affaire faisait l'objet d'un non-lieu car les preuves s'étaient révélées insuffisantes.

*
**

Je n'ai jamais su qui m'a agressé ni pourquoi. Ce dont je suis convaincue, c'est que les auteurs des violences étaient des hommes blancs, calmes, sûrs de leur fait, comme doivent l'être des professionnels. Il est certain qu'ils ne me connaissaient pas et qu'ils agissaient donc pour le compte de quelqu'un d'autre. Pourquoi ? Peut-être pour me faire passer pour une affabulatrice. Qui était le commanditaire de ces expéditions ? Où se trouvait-il, en France ou au Brésil tout proche ? Je l'ignore.

Mais dans leurs gestes, j'ai cru reconnaître la façon de faire, perverse, brutale, ignoble... de mon père.

– 26 –

ÊTRE LA FILLE D'ÉMILE LOUIS

On a voulu me faire taire, peut-être me désigner aux autorités comme une mythomane... C'était mal me connaître. On peut obtenir de moi beaucoup, avec de l'amour, de la tendresse, de la douceur. Pas avec la violence. Même Émile Louis n'a pas réussi à me briser. Au lieu de me dissuader, ces agressions m'ont incitée à parler plus haut, plus fort. Je ne l'aurais peut-être pas fait si l'on m'avait laissée tranquille.

Quelque temps après l'une de ces attaques, un journaliste de *Paris Match* a pris contact avec moi pour préparer une série d'articles de fond sur l'affaire des disparues de l'Yonne. J'ai hésité, mais Bernard m'a laissé entendre qu'il était peut-être temps de dire ce que je pensais publiquement. De me délivrer de ce poids et de paraître au grand jour, sans me cacher de rien. Les femmes de ses collègues ne comprenaient pas pourquoi j'avais été agressée. Elles attendaient, comme tout le monde, des explications... J'ai encore hésité. Je craignais que l'on considère mon récit comme un « déballage » indécent.

Entre-temps, une fuite concernant les deux premières agressions s'est produite. La presse s'en est fait l'écho.

J'étais encore sous le choc des violences que j'avais subies lorsqu'un journaliste de *L'Express* m'a appelée.

– Auriez-vous quelque chose pour étayer mon article ?

– Tout ce que je possède, c'est un récépissé de dépôt de plainte.

– Parfait ! Pouvez-vous me le faxer ?

Aujourd'hui, à froid, je ne le ferais pas, mais à l'époque, bouleversée, j'ai accepté. J'avais l'impression de me battre contre des ombres et je portais des coups au hasard. Bien sûr, les gendarmes n'ont pas apprécié. La surveillance de la maison a été supprimée du jour au lendemain.

Pendant ce temps, « l'affaire des disparues de l'Yonne » devenait chaque jour davantage « l'affaire Émile Louis ». Surtout après l'identification des cadavres de Rouvray, au mois d'avril 2001. Les médias en parlaient sans arrêt et le journaliste de *Paris Match* continuait de me solliciter. J'ai fini par accepter. Ce magazine m'offrait de m'exprimer longuement. Au moins, j'allais pouvoir assumer mes propos et cesser de me défendre de ceux qu'on me prêtait sans m'avoir entendue. L'interview a eu lieu et j'ai résumé ma vie à ses moments essentiels. J'ai expliqué ce que j'avais subi, ce dont j'avais été témoin – le meurtre de Saint-Florentin – et ce que j'avais appris – le viol de Céline. Je n'ai pas aimé remuer cette boue...

Pour ma part, depuis des années, j'avais préparé les enfants à ce qui était en train de se produire. Je leur avais expliqué avec le plus de douceur possible que leur grand-père n'était ni admirable ni recommandable. Je leur avais donné des précisions à mesure qu'ils grandissaient. Ils ne connaissaient pas les détails, mais ils savaient qu'Émile était un violeur et un sadique. Après son arrestation, mes enfants ont acheté *Détective*, en cachette, parce que la photo d'Émile s'étalait à la une... Je les ai surpris dans leur chambre en train de jouer aux fléchettes, la photo d'Émile servant de cible.

– Tiens ! C'est pour toi, pour tout le mal que tu as fait à la famille, espèce de sale bonhomme... Et tiens ! Ça, c'est pour maman...

En découvrant ma présence, mon fils a dit fièrement :

– Il est mort maintenant, maman, tu ne crains plus rien !

Inquiète, je me suis adressée à une psychologue de nos relations pour lui raconter la scène et lui demander son avis.

– C'est salutaire pour eux, m'a-t-elle répondu. Ça leur permet d'évacuer les conflits créés par la situation. Ils l'ont fait pour toi. C'est bien.

– Mais... Ils l'ont tué !

– Ce n'est pas l'homme qu'ils ont tué, mais son ego. Avec ce qu'ils vont nécessairement apprendre par la presse, crois-moi, c'est préférable. Ils se moquent éperdument de ne pas avoir de grand-père.

Sans doute avait-elle raison, car ils n'ont jamais paru traumatisés en voyant des images d'Émile à la télévision. Ils ont toujours réussi à plaisanter à ce sujet. Les enfants n'ont que faire des convenances et c'est très bien comme ça. Cet état d'esprit leur a permis de supporter les moments difficiles que nous avons vécus. Et leur bonne humeur m'a moi-même aidée à les surmonter. Quant à Bernard, sérieux dans les moments graves, il a choisi – d'un commun accord avec moi – d'aborder le sujet dans le registre de la dérision, afin de le rendre plus léger pour toute la famille. Une manière subtile, aussi, de nous permettre de ne pas nous laisser engluer par la filiation, de refuser l'héritage. Merci, Bernard.

*
**

L'entretien a paru sur six pages dans *Paris Match*. L'une des photos d'illustration montrait ma mère à son mariage. Fidèle à sa devise [1], le magazine avait obtenu cette image auprès de ma sœur. J'ai eu le sentiment de sortir dans la rue à visage découvert après avoir longtemps vécu masquée. L'impression d'être mise à nue.

À l'intérieur de la petite « colonie » métropolitaine de Guyane, les réactions n'ont pas été trop négatives. Même si je n'ai plus été invitée dans certains endroits. En général, les membres des familles des collègues de Bernard se sont efforcés de ne manifester qu'une surprise compatissante, parfois gênée. Il est toujours difficile d'exprimer ce que l'on ressent dans ces cas-là. Certains ont peur de blesser. Quelqu'un m'a dit un jour : « On comprend mieux pourquoi vous étiez réservée et gardiez vos distances. Vous savez, en fait, on pensait que c'était de la fierté. » Je peux comprendre cette déduction. Par exemple, j'ai toujours eu du mal à tutoyer. Grâce au vouvoiement, on peut rester sur ses gardes. Il est ainsi plus facile de rompre une relation lorsqu'on craint qu'elle ne devienne trop intime, envahissante, curieuse...

Le secret que je gardais sur mes origines m'a souvent préservée, mais il a aussi failli me nuire. Depuis mon

1. « Le poids des mots, le choc des photos. »

séjour à Djibouti, j'avais conservé de profonds liens d'amitié avec ce jeune médecin – aujourd'hui chirurgien réputé – qui m'avait aidée à prendre la décision de quitter un jour le triste mari qu'on m'avait imposé : « Si tu ne prends pas la résolution de quitter ce type qui te déshonore et se déshonore lui-même, ce n'est plus la peine de m'appeler. » Il m'avait donné un coup fouet ! Longtemps, sa force tranquille m'avait été d'un grand réconfort. Il me téléphonait au moins une fois par semaine pour savoir comment je m'en tirais... Mais je ne lui avais jamais dit que j'étais la fille d'Émile Louis. Quand je le lui ai révélé, il s'est senti trahi. Il a pensé que je ne lui accordais pas une totale confiance. Il n'a pas mesuré à quel point j'avais honte... Je n'ai pas su lui faire comprendre que je craignais qu'il se sauve au grand galop, comme beaucoup d'autres, si je lui « avouais » qui j'étais. Parce qu'un père comme Émile, c'est une marque au fer rouge. Son infamie s'étend jusqu'à moi. Au fond de mon cœur, je persiste à croire que j'ai eu raison de me cacher. Heureusement, mon ami médecin a fini par le comprendre. Nous avons renoué ces liens d'amitié qui me sont si précieux. Émile Louis n'a pas réussi à tout détruire...

Si personne n'a vraiment changé de comportement dans notre entourage proche, certains se sont sentis obligés de demander parfois des nouvelles de « l'affaire ». J'ai entendu quelques questions formulées avec plus ou moins de tact : « Et alors, votre papa, il va comment ? »

La naïveté de la femme d'un collègue de mon mari m'a tout de même stupéfiée. Après que je fus passée à la télévision, elle m'a dit :

– Tu étais drôlement bien, ce jour-là, ils t'avaient maquillée et tout. Tu sais, on a enregistré une cassette et on se la passe entre nous. Si tu veux, je peux te la montrer.

Je n'ai jamais aimé me voir et surtout pas dans ces circonstances. J'ai décliné l'invitation. Elle a ajouté :

– On ne savait pas tout ça ! On te prenait pour une femme bien, nous ! Enfin... je ne veux pas dire que tu es mal, mais tu comprends, tu viens d'un autre milieu... C'est vrai, quoi ! Tu vois ce que je veux dire ? Ça ne te fâche pas que je te dise ça, au moins ?

Non. Je n'étais pas fâchée. Plus tard, j'ai même pris le parti d'en rire.

Un jour, j'ai croisé une autre femme que je connaissais assez bien, en compagnie de sa mère.

– Tiens maman, s'est-elle écriée, je te présente Maryline. C'est la femme de monsieur Vinet et... la fille d'Émile Louis. Tu sais, le tueur de l'Yonne !

Ça m'a blessée, mais sa pauvre mère, gênée, s'est empressée de me présenter ses excuses et de me demander de pardonner à sa fille qui, selon elle, n'allait « pas bien du tout ».

Plus grave, un autre jour, au marché, j'ai été abordée par une femme blanche que je ne connaissais pas. Elle s'est plantée devant moi et m'a demandé :

– Vous êtes la fille d'Émile Louis ?

– Oui, en effet.

Elle m'a regardée bien en face et m'a craché au visage ! Sincèrement, j'ai eu du mal à encaisser. Mais le mal grossier commis par les imbéciles indécrottables est celui dont on guérit le plus vite. Il est des manifestations de mépris qui laissent à l'âme des blessures autrement plus sensibles. Et qui cicatrisent péniblement.

*
**

Une femme qui avait lu le livre de Corinne Herrmann sur les disparues de l'Yonne m'a arrêtée dans la rue pour me demander de lui dédicacer son exemplaire. Je lui ai répondu que je ne l'avais pas écrit et que je ne pouvais donc pas le signer. Elle a paru déçue et m'a dit :

– Oui, mais... On y parle de vous !

– Ce n'est pas une raison. Je ne suis pas l'auteur !

– C'est dommage. Vous devriez écrire, vous aussi.

Elle n'a pas été la seule à me le conseiller. J'ai longtemps refusé et mon éditeur peut témoigner de mes doutes, de mes craintes. Puis je l'ai fait, le livre est là. Quand j'en ai commencé la rédaction, dans mon esprit, il devait avoir la même fonction que l'interview accordée à *Paris Match* : dire moi-même plutôt que de laisser d'autres exprimer ce que je sais et ce que je pense. Mais, petit à petit, au fil de la rédaction, j'ai découvert que j'avais la possibilité de construire autre chose qu'un barrage contre la calomnie et les mensonges.

C'est un travail complexe et périlleux que de mettre sa vie en ordre pour en coucher le récit sur les pages blanches. Une tâche qu'on n'accomplit pas sans crainte. On se méfie de sa mémoire, on a des scrupules à mettre en cause ceux qu'on a croisés. On est pris d'une soudaine envie de louvoyer entre la vérité et une version plus tolérable de la vie. On magnifie les périodes d'espoir et l'on étouffe les moments de dépression. Ou bien l'on a tendance à pleurer sur son sort, à pleurer sur le sort d'autrui. Par-dessus tout, on se demande quelles seront les conséquences de ces révélations publiques...

Et subitement, je me suis rendu compte que cette peur

qui me saisissait était de même nature que celle qui me nouait la gorge quand j'avais envie d'accuser mon père et que le serment fait à ma mère m'en empêchait.

Ma vie, comme toutes les vies, est faite de drames et de bonheurs, de joies et de peines immenses, de sourires, de larmes... À une différence près : je suis la fille d'Émile Louis, le tueur de l'Yonne. Cet homme, mon père, a tout abîmé autour de lui. Il m'a violée, humiliée, menacée... Comme certains autres salauds l'ont fait à d'autres enfants, jeunes femmes et jeunes hommes. Des milliers et des milliers, des anonymes. Et moi j'ai le droit, voire, d'un certain point de vue, le devoir de parler.

À tous, je veux dire, et au nom de tous – si je peux me le permettre –, qu'on ne se libère jamais de la peur et de la honte que les abus ont incrustées dans notre corps, notre cœur. Mais qu'on peut se libérer du garrot du silence et qu'on peut se dépouiller du manteau poisseux de la culpabilité. Pour y parvenir, une épreuve nous est imposée : parler avec la peur au ventre et la honte chevillée à l'âme. Il y a du dégoût à évoquer les pires moments de son existence. Mais il faut parler. Parler !

Je ne suis ni une complice, ni un phénomène de foire. Tout juste une miraculée.

Ne nous taisons pas. Ne vous taisez pas.

Il faudra un jour que des êtres abjects comme Émile ne soient plus considérés en prison comme des caïds parce qu'ils ont bravé, peut-être avec des complicités puissantes, les juges, la police, garants des lois d'une société civilisée.

Il faudra un jour que les organismes que la société met en place pour protéger les enfants abandonnés se soucient mieux et plus de ceux qu'on leur confie pour que ces hommes et femmes en devenir, handicapés ou non, ne soient plus jamais les proies de brutes, de pervers, de lâches abominables.

Il faudra un jour qu'on enseigne aux enfants qu'ils ne sont tenus par aucun serment quand ils ont été abusés, frappés, humiliés. Il faudra leur dire que la rébellion est alors un droit et que la société les protégera s'ils se dressent contre ceux qui les broient. Qu'elle le fera avec une main de fer quel que soit le nom, le titre, le rang, la fortune ou le pouvoir de ceux qui ont vécu selon leurs instincts et leurs pulsions en infligeant la douleur, en inoculant la honte et le dégoût de soi à leurs victimes. Ces monstres au visage souriant.

Il faudra un jour qu'on cesse de dire que ces monstruosités ont « toujours existé » – l'inceste, le viol, la pédophilie, les actes de barbarie, la torture... – et de les banaliser. Si ce n'est les justifier. Ces grandes déclarations historico-sociologico-philosophiques participent d'une anesthésie générale criminelle. La civilisation, c'est le triomphe contre la sauvagerie.

Si ce livre pouvait contribuer à libérer un peu, un tout petit peu, la parole des enfants blessés. S'il pouvait être une pierre au monument qui rendra hommage aux disparues de l'Yonne, peut-être éprouverais-je moins de honte à être, malgré moi et pour toujours, la fille d'Émile Louis.

TABLE DES MATIÈRES

Direction littéraire
Huguette Maure
assistée de
Marie Dreyfuss et Maggy Noël

Composé par P.C.A.
44400 – Rezé

Impression réalisée sur CAMERON par

BRODARD & TAUPIN
GROUPE CPI

La Flèche

pour le compte des Éditions Michel Lafon
en février 2003

Imprimé en France
Dépôt légal : mars 2003
N° d'impression : 17544
ISBN : 2-84098-917-4
LAF 354